［改訂版］

キャリア開発論

―大学生のこれからのキャリア・リテラシー―

安武伸朗・坪井晋也 ◎——編著

中津川智美・伊藤隆史・波田野匡章 ◎——著

創 成 社

はしがき

「変化する時代のキャリア・リテラシーを身につける」

本書は，大学生のキャリア開発の入門としての「キャリアデザイン論」を踏まえ，さらに幅広く専門分野を知ることにより，人生を作る基礎的な知識や能力，いわばキャリア・リテラシーを高めることを目的に作成しました。

第4次産業革命とされる社会全体の大きな変化の中，私たちの生き方や働き方にもこれまでとは異なる姿が現れはじめました。現代はVUCA（Volatility：変動, Uncertainty：不確実, Complexity：複雑, Ambiguity：曖昧の頭文字による造語）と称されるように「変化が激しく，答えが見出せない時代」とされ，デジタルテクノロジーを活用した新しい産業が誕生すると同時に，ビジネスモデルの転換や衰退も同時に起こっています。1人ひとりが自分らしい人生を自らの責任でデザインすることが必須になりつつあるのです。

そのためのリテラシーとは，知識を深める「深化する学び」と，知識を拡げる「探索する学び」の両方といえるでしょう。

本書は，「自分を確立する」の章でコミュニケーションを通して自分と社会とをつなぐ視点を拡げ，「働くしくみを知る」の章では日本の人事制度など，企業の成り立ちについて多面的に学びます。また，「社会の中で自分を創る」の章で，自分らしい生き方，働き方を拡げる手段を理解する構成となっています。

今日，キャリアとは与えられるものではなく，自分で試して創りつづけるものとなりました。未来を楽しく，たくましく生き抜くために，本書を活用していただけることを願っています。

本書の執筆においては，著者5人の共同作業から生まれました。その過程において，さまざまな支援をしていただいた，創成社の西田　徹氏に感謝いたします。

2020年3月

編著者を代表して
安武伸朗

改訂について

　本書は2020年3月に刊行した内容の改訂版です。Society5.0 for SDGsに代表される大きな社会変革の中で，若者の人材育成を取り巻く状況も変化が続いています。2022年，インターンシップに関して経団連と大学関係団体等により構成される産学協議会は基本的な考え方を改正するとともに，文部科学省は一定の基準を満たしたインターンシップについて，学生情報を採用選考活動に活用することを認めました。

　こうした変化に合わせて第11章「インターンシップ」の項を書き改め，読者が産学協働の取り組みとしてのインターンシップの意義と成果を正しく理解できるようにしました。

　なお，このたびの改訂においても，異なる専門分野からキャリア教育に関わる著者5人が取り組みました。再び編集校正に尽力いただいた西田　徹氏に深く感謝いたします。

　2023年3月

編集者代表　安武伸朗

目　次

第1部　自分を確立する

第2部　働くしくみを知る

第3部　社会の中で自分を創る

第 **1** 部

自分を確立する

第1章
コミュニケーション力1 ─話の聴き方─

　日本経済団体連合会（経団連）が企業会員に対し実施している「新卒採用に関するアンケート」によると，新卒者採用の時に重要視する要素は15年連続で「コミュニケーション能力」が第1位となっている。企業側にとっては，コミュニケーション能力が高い人材を確保できれば，業務の効率が高まり，業績向上につながりやすいというメリットがある。そして，新卒者にとっては，コミュニケーションに自信があるほうが，仕事が面白く感じられ，働くモチベーションが維持しやすくなる。学生時代からコミュニケーション能力を高める努力をすることにより，より豊かな人生へと歩みを進めることができるだろう。

1　コミュニケーションに関する学問的定義

　コミュニケーションの定義は，研究分野や研究者によってさまざまではあるが，あえて一言で表すとすれば，メッセージを送信・受信するプロセスのことである。言葉そのものによるメッセージの送受信のことを言語（バーバル）コミュニケーション，言葉以外で伝えるメッセージの送受信のことを非言語（ノンバーバル）コミュニケーションという。言葉以外の非言語の要素としては，主に，声のトーンや抑揚，大きさなどのことをいうパラランゲージ（周辺言語），顔の表情と視線行動，ボディーランゲージなどの身体表現や姿勢，空間の使い方やタッチング（接触行動），タイミングなどがある。

　対人関係は，状況や相手に応じた適切なメッセージをお互いに送ったり，受け取ったりすることによって，円滑に維持・発展していくものである。良好な対人関係維持のために

求められるコミュニケーション能力は，単に「読み」・「書き」・「聴き」・「話す」ことができるという言語能力を意味しているわけではない。相手の非言語を読み取り本音を感じとることや，自分の非言語を調整して真意が伝わりやすいように工夫することで，相手からの信頼を得ることができるため，言語能力のみならず，非言語メッセージの受信力と発信力も重要となる。

　研究者によると，対人コミュニケーションにおける能力とは，人間関係上と状況上の期待を満たしながら自己の目標を達成できることであると定義されている（Spitzberg & Cupach, 1984）。具体的には，自分の考えや感情を表現する際に，状況や相手との関係性に合わせて適切な言語メッセージと非言語メッセージを選択できること，そして自己や相互の目的が果たせるよう表現方法に工夫ができることである。そのための構成要素は，目標達成ができる「有効性」と，他者の期待を満たす「適切性」の２つとされている（Spitzberg & Cupach, 1989）。この学問的定義を踏まえ，キャリア開発において重要となるコミュニケーション能力のうち，この章では特に「聴くこと」にポイントを絞って，「有効性」と「適切性」の観点から仕事上の話の聴き方を中心に述べていく。

2　聴けない原因

　人の話を聴けない原因はさまざまである。大きく分類すると，

①　集中力が切れ別の事を考えたり，話し相手に対して悪感情があったりすることなどの心理的要因
②　内容が難しかったり情報量が多かったりなどの内容的要因
③　周りが騒がしくて相手の話が聞き取りにくいなどの物理的要因

の３つがある。

　聴いているときに集中力が切れやすい原因としては，話し手の話すスピードより聴き手の頭の回転のほうが速いため，その空白の時間に意識が別のところに行きやすいというこ

とが挙げられる。また，聞き違えや誤解が起こる原因としては，自分の希望的な観測や先入観が邪魔をして正確に内容を理解しようとせず歪めて聞くことが考えられる。

　聴くことを妨害する要因が多い一方で，価値観が多様化した社会で現代人がよりよく生きるためには，今後ますます「聴く力」が必要になる。しかし，他人の話を聞く機会はあまりにも身近すぎて，我々は聴く能力を高めたいと望むこともなく過ごしがちである。話す力については自分も相手も上手く話せたかどうか確認しやすいが，しっかり聴けているかどうかは，傍から見ているだけではわからないことが多い。聞き手は受け身で黙っていればよいと考えているとしたら，実際は自分が人の話をしっかり聴けていないことにも気が付かないかもしれない。この章で「聴くこと」を学ぶと，「よい聴き手」になることがどれだけ難しいかわかり，聴く力を意識して伸ばしていく必要性を感じることができるだろう。

3　聴く力の必要性

　社会人に必要な能力の中で，最もよく知られているのが，経済産業省が2006年から提唱している「職場や地域社会で多様な人々と仕事をしていくために必要な基礎的な力」と定義されている「社会人基礎力」である。「前に踏み出す力（アクション）」・「考え抜く力（シンキング）」・「チームで働く力（チームワーク）」の３つの能力のうち「チームで働く力（チームワーク）」における６つの要素の中に，相手の意見を丁寧に聴く力として「傾聴力」が挙げられている。社会において，さまざまな価値観を持った多様な人々と良い人間関係を維持しながら，共に働いていくためには，相手の立場や意見の違いを理解し，受容し，尊重する必要がある。そのために必要となる力が傾聴力である。

　相手の話を正確に理解するために能動的に聴く態度のことを傾聴（アクティブ・リスニング）という。傾聴は，会話を促すために質問をすることや，相手からの情報を聴いてそれにあわせて自分も相手に情報を開示することなどの能動的な活動も含んでいる。まさにこれが相互理解のプロセスでもあり，職場のチームワークに必要とされる理由でもある。

　聴く力が向上すると知識や情報が豊富になることに加え，仕事上でも指示の聞き洩らし

がなくなるため，正しい対応ができるようになる。人間関係上では，相手の話を聴くことを心掛けると，話し手に好かれ，自分の話も聴いてもらえるようになる。また，相手のことをより深く理解できるようになり人間関係が良好になる効果もある。また，他の人の話を聴くことで，自分の盲点を発見でき，気づきが増え，自己成長にもつながる。このように傾聴には自分にとっても相手にとってもさまざまなプラスの効果があるといえる。

4　傾聴について

　傾聴とは，単に耳を傾けるだけでなく，全身を使って熱心に相手と向き合うことでもある。

> ・目で　→　相手の態度を観察しながら聴く
>
> ・耳で　→　言葉そのものだけでなく語調もしっかり聴く
>
> ・口で　→　あいづちを打ちながら聴く
>
> ・体で　→　上半身をのり出して聴く
>
> ・心で　→　相手に関心を寄せて聴く

　聴く態度と心構えとしては，まずは，嫌いな相手であってもこだわりなく聴くこと，また相手が話している内容が自分の考えと合わなくてもすぐに反論せず，いったん自分の中に受け止めることが大切である。そして，相手の真意をくみ取り，相手が言おうとする最も重要な点は何かを探しながら聴くようにするとよいだろう。

　仕事上の傾聴の注意点としては，「自分の知りたいこと」を聴くのではなく「相手の話したいこと」を引き出して聴くことである。自分の常識・先入観・思い込みといった自分の中の「枠組み」に囚われると，正確な情報や事実を捉えることができなくなるため，決めつけない態度が必要である。それには，「こういうことですね」と話を勝手にまとめるようなことはしないで，時には判断を保留すること（エポケー）を実践するとよい。

5 傾聴の具体的方法

•••

　経済産業省が提唱している社会人基礎力に基づいた「社会人基礎力チェックシート」[1]
の「傾聴力」のチェック項目は，①「相手が話しやすい雰囲気づくりをしている」，②
「相手の話を前向きに聞く態度を取って聞いている」，③「適切なタイミングで質問をして
いる」の３点である。この節では，相手が話しやすい雰囲気をどのようにつくればよい
かということと，前向きに聞く態度とはどういうことかを解説する。そして，話の促し方
と質問の仕方についても具体的に述べる。

① 外的条件を整える

　傾聴をするには，まず，外的な条件を整える必要がある。話が聴けない物理的要因を取
り除くために，聴きやすい環境を整備する。具体的には，騒音のあるところや人がいて集
中できない場所を避け，落ち着ける空間に移動をする。また，立って話す場合でも適切な
距離感が必要であるが，特に座って話す場合はお互いの座り位置に気をつけて，相手との
関係性に応じて，お互い心地よいと感じる距離が取れるようにするとよい。

② 興味を示して聴く

　自分が話しているときに相手が表情も変えずに無反応だったら，どのように感じるだろ
うか。相手の反応がまったくつかめないと，話しにくいものである。逆に，相手が自分の
話に興味を持って聴いていると感じられると，話し手は安心して会話を進めることができ
る。話が弾むかどうかのポイントは，「関心を持って聴いています」というメッセージを
伝える聴き手の非言語表現にあるといえる。具体的には，①話の内容にあった表情，②ア
イコンタクト，③うなずくことの３点に気を付けることである。

表情については，楽しい話などの社交的な会話のときは笑顔を見せることで，相手に悪感情を持っていないというサインになる。明るい話でない場合は，笑顔は抑え，真面目な表情や悲しい表情を浮かべながら聴くことが大切である。次に，目線については，相手の顔を全体的に見ながら話を聴き，時々目を合わせるようアイコンタクトを取ることによって，相手の存在を受け入れているというサインになる。話が面白いときなどに目を見開くと，共感・関心・感心を伝えることができる。最後に，うなずきについては，相手の話の内容を承認していることや納得していることを表すことができ，適度にうなずくことによって相手の話を促すことにもつながる。

③ 話の促し方

　より多くの正確な情報が欲しい場合などに有効となる話の促し方は以下の通りである。

① 「そうだったんですね。それで？」など短い言葉で合いの手を入れる。
② 正確に聴くために「いまおっしゃったことは，〜ということですよね？」など話の内容を自分の言葉で言い換えて確認する（パラフレージング）。
③ 共感したことを伝えるために，「それはきっと嬉しかったでしょう」などのように相手の感情を言葉にする。

　上記の方法によって，相手は，気持ちよく話ができたことと自分のことを理解してもらったことに満足を感じることができる。上記の３つのポイントは，より多くの正確な情報を得るという聴き手の目的と「話してよかった」という話し手の満足感の両方が達成されるという意味で，人間関係上においても有効で適切な方法といえるだろう。

④ 質問のスキル

　質問の種類には，クローズド・クエスチョン（閉じられた質問）とオープン・クエスチ

ョン（開かれた質問）の２種類がある。

　クローズド・クエスチョンは，「今日，お仕事はお休みですか？」など「はい」か「いいえ」で答えられる質問や複数の選択肢の中から１つを選んでもらう質問のことである。これは，情報を収集したり事実を確認したりするときに有効である。また，初対面の相手やまだよく知らない相手から情報を得たい場合には，クローズド・クエスチョンで質問することで答えが引き出しやすくなる。一方で，クローズド・クエスチョンばかりを連発すると尋問のようになって相手に不快感を与えてしまう可能性があるため，使いすぎには気を付けなくてはならない。

　オープン・クエスチョンは，「何かご要望はございますか？」など相手が自由に答えられる質問のことである。これは，相手が抱えている課題やニーズを知りたいときなど，話を発展させたり深く掘り下げて聴きたい場合に有効である。回答に自由度があるため，次の質問も出やすくなり，会話が進みやすい。その一方で，クローズド・クエスチョンと比較すると回答するのに労力がかかる。話し手が聴き手に対してある程度の信頼感を持っていないと面倒を避けようとする心理が働くため，初対面の人には最初からオープン・クエスチョンを使用するのは控えたほうがよいだろう。

６　仕事上の聴き方

　仕事上では，上司からの指示や顧客・取引先の要望を十分に聴くことが重要である。そのための基本的な行動として，メモを取ることが挙げられる。研修中など座学で学んでいる時間はもちろんのこと，常にノートとペンを携帯し，会議や接客中でも重要なことはしっかりメモを取ることが肝心である。仕事中に上司や先輩などに呼ばれたら，必ずノートとペンを持って傍に行き，メモを取りながら，話の内容を正しく聴き取るようにする。重要な単語や語句，文を書き取っておくと，あとで見直すこともでき，ミスすることもなくなる。正しい対応をするために，いつ【When】・どこで【Where】・だれが【Who】・だれに【Whom】・何を【What】・なぜ【Why】・どのように【How】・いくつ（数）／ど

のくらい（量）いくらで（値段）【How many/ How much】という6W2Hを意識して聴き，情報が欠けていたら即座に質問をし，明確に理解したうえで仕事に取り組むとよい。

　最後に，仕事上の聞き方の実践例について述べる。ステップとしては，①メモをして聴く，②質問をする，③復唱する，④確認するの4つである。単純なことのように思えるが，これができないとミスや二度手間が起こるため徹底してできるようになることが望ましい。例えば，上司に呼ばれて「会議のための資料だから，コピーをお願い」と書類を渡されたとしよう。この場合，部数やコピーサイズ，片面か両面か，モノクロかカラーか，ホッチキス止めかクリップ止めか，何時までに仕上げればよいかなど，多くの質問が出てくるはずだ。それらの回答をすべてしっかりノートに書き留め，上司の前で復唱する。そして，最後に「これでよろしいでしょうか。他に準備すべきものはありませんか？」と確認する。この4ステップ（メモ・質問・復唱・確認）は，アルバイトやインターンシップでも使えるのですぐに実践するとよいだろう。

【注】

1）社会人基礎力チェックシート
　　（http://www.officeisaca.com/wp-content/uploads/2017/04/社会人基礎力チェックシート.pdf　2019年12月28日アクセス）

引用・参考文献

相川　充（2003）『人づきあいの技術―社会的スキルの心理学―』サイエンス社
岩波　薫（2012）「傾聴」岩波　薫・峯瀧和典編著『キャリアデザインとコミュニケーション』創成社
杉本なおみ（2008）『医療コミュニケーション・ハンドブック』中央法規出版
中西雅之（2008）『人間関係を学ぶための11章　インターパーソナル・コミュニケーションへの招待』くろしお出版
村井潤一郎（2018）「対人コミュニケーション―伝えること・伝わることの再考」藤田哲也監修，村井潤一郎編著『絶対役立つ社会心理学：日常の中の「あるある」と「なるほど」を探す』ミネルヴァ書房
Spitzberg, B.H., and Cupach, W.R. (1984) *Interpersonal communication competence*, Beverly Hills, Calif.: Sage.
Spitzberg, B.H., and Cupach, W.R. (1989) *Handbook of interpersonal communication competence research*, New York: Springer-Verlag.

　仕事におけるコミュニケーションでは，接する相手の目的や状況は多種多様であるため，それに合わせて適切に対応を変えることが望ましい。例えば，急いでいる相手には手短かに情報を伝えたり，逆にゆっくり話す相手であれば，テンポを合わせて丁寧に伝えたりなど，臨機応変に表現に変化をつけることが求められる。このように相手や状況に合わせて調整することが条件ではあるが，職場でのコミュニケーションにはある程度決まった型のようなものや現場で実践されている効果的な方法がある。この章では，コミュニケーションの中でも特に「伝え方」に焦点を当て，有効性と適切性の観点から，自分に関する情報を伝える方法や仕事上の説明力を高める方法，そして，最後に報告・連絡・相談について解説する。

1　自分を伝える方法

　自己に関する情報を伝えるコミュニケーションには，大きく分けて「自己開示」と「自己呈示」の2つのタイプがある。自己開示は言葉によって自分に関する事実や本音を伝えるという目的を持つが，自己呈示は見せたい自分を見せる自己演出のような側面がある。我々は皆，普段の生活でそれぞれを巧みに使い分け，自己を表現している。これらの表現は，自覚している場合もあるが無意識で行われることもある。仕事上では，この2つの表現方法をより意識的に使うことが必要となる。

① 自己開示について

　自分に関する本当の情報を言語で伝達する方法のことをいう。自己開示は，相手に対する開示者の好意や信頼を意味するため，相手は開示者に対してポジティブな感情を持つようになる。そして，他者から価値あるものをもらったら，それと同等のものをその人にお返しすべきだという返報性の心理が働くため，相互に自己開示がなされるようになる。例えば，お客様に対して自分のほうから先に自己開示をすることで，お客様も安心して自分の情報を明かしてくれるようになり，信頼関係へと発展する。

　人間関係の深化に加え，自己開示をすると相手から何らかの反応が返ってくるため，自己開示を通して，自分がどのような性格を持っているのか，周りの人たちにとって自分はどのような人間なのかなど，自分を発見できるメリットがある。よって，特に大学生にとっては，自己発見のみならず，自分について説明するスキルにもつながるため，普段から親しい友人などに積極的に自己開示を行うとよいだろう。

② 自己呈示について

　自己呈示とは，他者に対して特定の印象を与えるために，自分に関する情報を言語と非言語で調整して伝達する方法のことである。勤務中は，たとえ疲れていてもお客様・生徒・患者などに疲れた表情を見せないことや，不満があっても職場では愚痴を言わずに明るく振る舞うなどプロフェッショナルとしての自己呈示が求められる。このように，他者に見せたい自分を呈示することは，自分自身の内面にも影響すると言われている。明るく外向的に振る舞った後は自分自身に対する評価が普段に比べてより明るく外向的になるという自己呈示の内在化が起こるのである。最初のうちは慣れるまでそのような自己呈示を意識して行うのは大変かもしれないが，続けているうちに内在化が働き，難なくできるようになる。

職場では，「明るく元気で素直（明・元・素）」を呈示するのがよいとされる。また，顧客満足や患者満足を大事にする企業や病院も多いため，相手の満足度が高まる言葉を選んで話すことが求められる。例えば，「どうぞゆっくりなさってください」などの相手中心の声掛けや，「昨夜はよく眠れましたか？」というような気遣いの言葉，「とても上手ですね」などの褒め言葉を，相手と状況に合わせて工夫するとよいだろう。その際には，優しい笑顔でアイコンタクトを取るなど適切な非言語表現にも気を配ると相手の満足度も高まる。

③ 自己紹介について

　自己紹介をする機会は，社会に出てからも活動のフィールドが広がるにつれて増えていく。良好な人間関係の出発点となるため，自己紹介をおろそかにせず，しっかりと目的を持って行うことが大切である。

　自己紹介の目的は，友好的な関係を築くためと自分をより知ってもらうようにするためである。その目的を達成するためにまず必要なことは，自分をよく知ることである。自己分析をしてアピールポイントを発見し，それを効果的に伝えると印象に残りやすい。

　聴き手も聴こうと努力しているため，照れたり恥ずかしがったりする必要はなく，その努力に応えるよう十分な情報を提供することが大切である。また，第一印象が重要なため，きちんとした態度で，表情はスマイルを心掛けるとよい。

　内容としては，挨拶から始まり，所属と氏名を伝えたら，なぜこの場にいるのかという理由や動機を伝えたあと，自分のアピールポイントとともに趣味や頑張っていることなどの追加情報を紹介する。そして最後に今後の抱負と共に「これからよろしくお願いします」というような言葉で締めるというのが一般的な流れである。

2 明確性と簡潔性について

仕事におけるコミュニケーションでは，ゴール（目標や結果）を設定し，そこに到達するためのプロセスを具体的に示すこと（説明）が求められる。業務を効率よく行うためには，正確な情報がスピーディに伝達されることが望ましいため，説明には，明確性と簡潔性が重要となる。

コミュニケーションの明確性・簡潔性を高めるための工夫としては，最初に結論から話したり書いたりする癖をつけると良い。結論を先に伝え，その後に情報提供として必要な背景や経緯などの説明を加えることにより，脱線のない一貫性のある話としてまとまりやすい。また，情報として最も求められている結論が先に伝わることで，聴き手や読み手に安心感と信頼感を与えることもできる。経緯の説明の際には，いつ【When】・どこで【Where】・だれが【Who】・だれに【Whom】・何を【What】・なぜ【Why】・どのように【How】・いくつ（数）／どのくらい（量）いくらで（値段）【How many/ How much】という6W2Hを意識して，相手にとって必要な情報を正確に伝えるよう工夫するとよい。

人と面と向かって対話をするとなると，緊張したり焦ってしまったり，話がうまくまとまらずに困ることがあるかもしれない。その場合は，何のためにコミュニケーションを取っているのか，相手に何を一番に伝えたいのか，何をわかってもらいたいのかなど，「話す目的」を意識すると簡潔で伝わりやすい説明になる。

3 効果的な説明の方法について

人間関係や組織における協力体制を保つためには，個々の事柄にお互いの共通理解が必要となるため，説明をする機会は必然的に多くなる。説明は，相手にある事柄を理解してもらうことを目的になされる。したがって，相手にとって，わかりやすい説明であること

が望ましい。これまで明確性と簡潔性を高めるポイントを述べてきたが，さらに相手にとって理解しやすい説明をするためには，どうしたらよいか，以下に具体的な方法を示す。

① 話す順番に気を付ける

　説明をする際に順序を考えて伝えなければ，相手は混乱してしまう。以下のように順序をつけるとわかりやすくなる。

- ●重要性が高いことから重要性が低いことへ
- ●過去の話から現在，未来の話へ
- ●大きい枠組み（概要）から小さな枠組み（詳細）へ
- ●既知（相手が知っている事）から未知（知らない事）へ

② 具体的に示す

　仕事上では特に物事の実態を把握する必要があるため，抽象的な表現はできるだけ避け，より具体的に説明をするように心がける。統計や図表などデータを提示することと，実物や模型，写真や絵などを用いて視覚的に伝えることが効果的である。

③ 原因と結果を分析し，論理的に話す

　説明の際に論理の飛躍があると理解の障害になるため，筋道を立てて伝えるようにする必要がある。例えば，「結果が〜なのは，〜だからです」というように，理由や原因も付け加えることにより，相手の「なぜ？」という疑問を最後まで残さずに理解を得ることができる。論理的に伝えるための方法として一般的に知られているのが，PREP法である。就職活動での面接の回答や仕事上の報告・連絡など，汎用性が高く簡単で効果的であるため，積極的に活用するとよいだろう。

PREP法とは

1. 最初に結論を言う（書く）　　　　　〈Point〉

2. その理由を言う（書く）　　　　　　〈Reason〉

3. 具体例を言う（書く）　　　　　　　〈Example〉

4. 最後にもう一度まとめを言う（書く）〈Point〉

4　報連相のスキルについて

　キャリア上では，報告・連絡・相談（報連相：ホウ・レン・ソウ）のスキルが非常に大事になってくる。「報告」は，主に上下関係で行われ，上司に対して指示されたことについての経過や結果を告げることを言う。「連絡」は，事実や情報などを関係者に伝えることをいうが，相手は上司だけとは限らず，その連絡が必要な同僚や関係者などに対して行う。「相談」は，自分1人で判断することが難しい事柄などについて，上司や同僚・関係者にアドバイスをもらうことである。

　報連相が適切に実行されないと，ミスやトラブルに直結してしまい，仕事のやり直しや後始末に追われる結果となる。それにより本来の業務が滞り，その分の残業が増えてしまう。適切な報連相のスキルを身に付けることで，順調に仕事をこなすことができるようになる。

　基本的なコミュニケーションのポイントとしては，「必要な人に対して，必要なときに，必要なことを伝える」ことである。業務上では，組織図にのっとり伝達系統が決められているため，自分の組織上の上司に対しては特に高い頻度で報連相をすることが求められる。

　その中でも特に，「報告」については，報告しなければならないときにそれを怠ると，責任ある立場の上司に不安やいらだちの感情を引き起こさせ，信頼関係を壊してしまうことになりかねないため注意が必要である。ここでは主に，報告の仕方を説明する。

5　報告の準備と注意点

　　報告をする前に，①報告する内容の必要性，②報告する緊急性やタイミング，③報告する場の３点を考え準備する。報告の内容を考える際の注意点としては，ありのままの事実を伝えることが最も重要であるため，自分の考えや感想と事実を混同させずに要点を整理することである。

　　報告の際のポイントとしては，まず，結果から先に正しく伝えることが基本となる。上述の６W２Hを意識して具体的に明確な言葉で表現することを心掛けるとよいだろう。自分の考えや感想も伝えたい場合は，事実を話したあとに「ここからは私見になりますが，」などと前置きして，事実と主観を切り離して話すようにする。

　　また，結果が思わしくない悪い知らせほどいち早く伝えることが肝心である。対処が遅れると問題が大きくなることがあるからだ。特に，トラブルが発生したときは，１人で解決しようとせず，直ちに上司に報告し，対処方法について上司の指示を仰ぐことが重要である。

6　報告の具体的な方法

　　報告する時は，以下の順番で行うようにするとよい。

①　何を伝えるか，予告をする。

　　　例：「○○の件で，ご報告いたします。」

②　結論を先に言う。報告の結論としては，上司から指示されたことが実行できたかどうかを述べる。

　　　例：「○○会社に頼まれた書類を届けに行ってまいりました。」

③　結果・成果を伝える。

　　　例：「その際，○○部長が私どもの新製品の導入を検討したいとのことで，近いうちに来社したいとおっしゃっていました。」

④　必要ならば，経過や理由は結論の後で，簡潔に話す。

　　　例：「先週の新商品発表会でうちの製品を見て興味を持ってくださったようです。」

7　連絡のポイント

　連絡も自分の意見を加えずに事実や情報をタイミングよく伝えることが求められる。連絡の相手は，上司のみならず同僚や取引先・お客様など，必要に応じてさまざまである。連絡は情報共有でもあるため，相手や状況に合わせたコミュニケーションの媒体（対面・電話・メール・SNS 等）を選択し，正確なメッセージを発信することが重要である。仕事上で気になることがあったら，その場ですぐに連絡を取って確認し，得た情報を関係者にすぐに共有するようにすると組織全体で仕事が円滑に進む。

8　相談のポイント

　自分の立場でどうしたらよいか迷った時には，必ず適任者に相談することが基本である。その際に自分の考えを前もって練っておくことが必要となる。自分で対応を考えることをせず，ただ「どうしたらよいでしょうか」と相手のアドバイスを求めることは，無責任に仕事を丸投げしているように映りかねないため，自分の考えを必ず伝えるように心がけよう。

（引用・参考文献）

小林知博（2009）「自己と他者」西垣悦代編著『発達・社会からみる人間関係―現代に生きる青年のために―』北大路書房
ジェシー・S・ニーレンバーグ（2010）『「話し方」の心理学』日本経済新聞出版社
旦まゆみ（2017）『自立へのキャリアデザイン　地域で働く人になりたいみなさんへ』ナカニシヤ出版
深田博己（2004）『インターパーソナル・コミュニケーション』北大路書房
宮原　哲（2006）『新版 入門コミュニケーション論』松柏社

第3章
コミュニケーション力3 ―慮る方法―

　第1章，第2章では，コミュニケーション力に関して，「話の聴き方」と「伝える方法」について学んできた。コミュニケーション力をさらに向上させるためには，この2つの基礎的な力に加えて，もう1つ「慮る（おもんぱかる）」を実践できるようになることが重要となる。「慮る」という言葉に馴染みがない，あるいは漢字の読み方がわからない，ということがあるかもしれない。ただ，"おもてなし"，あるいは"ホスピタリティ"を実現するために必要な力であるということを知れば，言葉の意味についておおよそ見当がつくであろう。

　この章で目指すのは，次の3点である。

① 　慮るとはどのような行為であるのかを理解すること
② 　慮るためのポイントを把握すること
③ 　慮る力を向上させるための方法を理解すること

　以下，順番に説明を進めていく。

1　慮るとは

1　慮るとはどういう行為か

「慮る」の意味を辞書で調べると，「おもいはかる」が転じて「おもんぱかる」が派生し

たことがわかる。その意味は，「あれこれ思いめぐらす。考慮する。」[1]，「周囲の状況などをよくよく考える。」[2]，「人の気持ちに寄り添って考える」[3] など，いくつかの説明がなされている。また，類語として，十分考慮する，気持ちを思いやる，心中を察する，心情を理解する，などが挙げられている[3]。これらのことから，コミュニケーション場面における「慮る」とは，相手や周囲を良く見聴きして，その気持ちや状況に思いを巡らせる行為だということがわかる。

　「聴く」「伝える」というコミュニケーション行動が，主に言葉を通じて行われるのに対して，「慮る」は言葉以外のもの――相手の表情，態度や話し方，場の雰囲気などを手がかりに行われる行為である。

② 慮ることが求められる場面

　では，私たちが日常において，「慮る」必要があるのはどのような場面であろうか。「慮る」の意味を理解した後に，思い当たる場面を考えてみると，数々の「慮る」を日常的に行っていることがわかるであろう。一番わかりやすいのが，家族や友人と一緒にいるときである。一緒にいる時間が長くかつ密度が濃いので，「慮る」を行っている場面を思い浮かべやすい。例えば，何か頼み事をする際には，相手の状況や表情を注意深く見て，言葉を切り出す。また，相手の機嫌や体調などもその態度や言動を見て判断する。何気なく無意識のうちに行っている場合も多いが，特に友人に対して，良好な関係を維持しようと考えた場合は，本音を言い合うだけでなく，相手が言葉以外に発する情報をしっかりと読み取って，相手の状況や気持ちを理解し，それに応じて行動を起こすことが重要になる。

　また，仕事ではさらに「慮る」が必要な場面が多い。同じ職場の人たちと協働する場合には，言葉だけではお互いの意図や気持ちが理解できないことも頻繁に生じる。人間関係を良好にして協働するためには，言葉以外の相手の表情や口調などから，相手の考えていることや気持ちをくみ取って行動することで，仕事が円滑に進むことが多い。接客場面のある仕事の場合は，お客様に対して常に慮る必要が出てくる。お客様は自分の考えている

ことや望んでいることを，率直に言葉にして伝えてくれるとは限らないからである。あるいは，本心とは異なることを言葉で伝えてくる場合もある。そのような場面では，お客様の表情や態度，話し方に注意して，本当に望んでいることは何かをしっかりとつかんで対応することが重要となる。こういった「慮る」ためのポイントについては，次節で説明する。

2　バーバルコミュニケーションと　　ノンバーバルコミュニケーション

では，このような「慮る」をコミュニケーションの技術として活用するためには，どのような点に留意する必要があるのだろうか。まず，コミュニケーションを上手に行うために必要であるバーバルコミュニケーションとノンバーバルコミュニケーションという2つのコミュニケーション手法について説明する。

❶ バーバルコミュニケーション

バーバルコミュニケーションとは，文字通り会話や文字などバーバル（言語）を使ったコミュニケーション手法のことである。日常生活において，相手に対して会話で言葉を発したり，メールや手紙で文字を書いたりすることは，人との交流を行う限り欠かせないコミュニケーション行動である。身の周りのできごとや情報を伝えるだけでなく，自分の気持ちや考えを表現する際にも行う。さらに，より正確に伝えるために，同じ意味の言葉を使い分けたり，文章構成を工夫したりする。例えば，"楽しい"という気持ちを表す言葉は，愉快，心躍る，うきうきする，気分がよい，…など数多くあり，それぞれの言葉の使い方次第で，"楽しい"の伝わり方が微妙に異なってくる。また，最も伝えたいことや気持ちを強調したいときは，意図的に会話あるいは文章の最初に位置づけたりする。だからこそ，バーバルコミュニケーションを上手に行うためには，語彙力や論理を重視した文章構成力が重要となってくる。ただし，「慮る」ためには，言語や文章構成を注意深く聴い

たり見たりすることも大切ではあるが，それ以上に非言語（ノンバーバル）をしっかり観察することが重要となる。なぜなら，第1章でも説明されている通り，人の気持ちや言葉の意味は，バーバルコミュニケーションだけでうまく伝わるとはかぎらず，非言語との関連を考えて手がかりにすることによって，理解を促進できる場合が多いからである。

❷ ノンバーバルコミュニケーション

ノンバーバルコミュニケーションとは，言語以外のもの，つまり非言語を通じたコミュニケーションのことである。主なものを挙げると，周辺言語，スペース，時間，接触，動作，視線，人工物となる（宮原，2006：82）。各ノンバーバルコミュニケーションの機能を整理したものを図表3-1に示す。

図表3-1に示したノンバーバルコミュニケーションの種類以外でも，音，温度，匂い，明るさなども挙げられ，簡単にはコントロールできない条件であってもそれぞれにメッセージを運び，受け手はそのメッセージに対して意味づけを行っているということを，念頭に置いておく必要がある（宮原，2006：86）。

言うまでもなく，「慮る」力をつけようと考えたら，ノンバーバルコミュニケーション力を向上させることが大切となる。ノンバーバルコミュニケーション力を向上させるためには，その種類と機能を理解した上で，日頃から他者とのコミュニケーション場面でのメッセージ交換を意識して行うことを通じて，「慮る」力が身についてくる。では，具体的にどのような点を注視してコミュニケーション場面でメッセージ交換を行えばよいのか，次節で考えてみる。

図表３－１　ノンバーバルコミュニケーションの機能

種　類	機　能
周辺言語	口調，声の大きさ，高さ，抑揚，しゃべる早さ，など。 人は，話し方や声を変化させて，そのときどきの気分や，相手に対する気持ちを表現する。
スペース	相手との距離。 人は，相手が誰か，またどのような状況なのかということによって「適切な」距離を保つ。
時　間	時間に正確，遅刻，など。 人間社会では，空間や時間という，「間」を共有して生きているわけだから，相手からかけがえのない間を奪おうとすることは許されない。
接　触	握手，ハイタッチ，肩や背中をたたく，頭をなでる，など。 感触を通じたメッセージ交換。触覚は視覚，聴覚と同じくらい，場合によってはそれ以上に敏感に刺激，情報を認知する。
動　作	視線，顔の表情，姿勢，身振り手振り，など。 以下のように，どのような役割を果たすかという観点でも分類できる。 エンブレム（表象）：Vサイン，OKサインのように，概ね決められた意味を指す 感情表出：表情や姿勢で，さまざまな感情や心理状態を表す イラストレーター（例示）：バーバルによるメッセージをさらにわかりやすく，あるいは強調する役目を果たす。指差す，など レギュレーター：話すことを相手に促したり，話をやめさせたり，コミュニケーションの流れをコントロールする
視　線	目は「心の窓」と呼ばれるほど，人の気持ちを忠実に表し，また「口ほどにものを言う」。目を媒介としたノンバーバル・メッセージの力は大きい。 気持ちはもとより，相手に対する関心や好意の高低などを表したりする場合に目は使われている。
人工物	衣服，アクセサリー，髪型や色，眼鏡などの身に着けるものから，部屋の中の家具の配置，カーテンの色，など。 本人にメッセージを送っているという意識がなくても，受け手に何らかのメッセージが伝わっている。

出所：宮原（2006）をもとに筆者作成

3　「慮る」力を向上させるために

❶ 感情と顔の表情との関連

前節で示されたノンバーバルコミュニケーションの種類の中で，他者とのコミュニケー

図表3－2　感情と顔の表情の特徴

感　情	表情の特徴（読み取るための手掛り）
驚　き	・眉は引き上げられ，そのため両眉は湾曲し盛り上がる ・瞼は大きく開かれる，など
恐　怖	・両眉は引き上げられ，共に引き寄せられる ・口は開き，唇はわずかに緊張し後方に引かれるか，押し広げられ後ろに引かれる，など
嫌　悪	・上唇も下唇も引き上げられる ・鼻に皺が寄る ・頬は持ち上げられる ・下瞼の下に皺ができる，など
怒　り	・眉は下がり，引き寄せられる ・眉の間に縦皺ができる ・上瞼と下瞼が緊張する ・眼は見開いて凝視する，など
幸　福	・唇の両端は後ろへ引かれ，多少上がっている ・鼻から唇の両端を越えた外側まで走る皺が見られる ・頬は持ち上げられている，など
悲しみ	・眉の内側の両端が引き上げられている ・上瞼の内側の端が持ち上げられている ・唇の両端が下がっている，または震えている，など

出所：Ekman & Friesen（1987）をもとに筆者作成

ション場面で特に意識するのは，相手の動作，中でも顔の表情であろう。では，人はどのような感情を抱いたときに，どのような表情をするのだろうか。感覚的に認識しているものもあるとは思うが，ここでは，表情分析の第一人者である，エクマン（Ekman, P.）とフリーセン（Friesen, W. V.）の研究結果を基に，感情と顔の表情との関連を示す。

　Ekman & Friesen（1987）では，驚き，恐怖，嫌悪，怒り，幸福，悲しみの6つの感情について，顔の表情から感情を読み取るための手掛りが写真とともに述べられている。6つの感情と手掛りとなる顔の表情の特徴を，図表3－2に示す。

　「驚いたときに瞼が大きく開かれる」「嫌な気持ちになると鼻に皺が寄る」「怒った時には眉の間に縦皺ができる」など，日常生活において，他人と接する場面や，映画やドラマなどのシーンでも，上記の感情と顔の表情の特徴との関係が実感できる。あえて，コミュニケーション力という観点からすると，表情を何となく見て感情を類推するのではなく，

意識して表情の特徴を読み取り，相手の感情を判断し，行動を起こすことが大切となる。それがまさに「慮る」ことに他ならない。ここでは，顔の表情を手掛かりとすることについて述べたが，図表３－１に示した顔の表情以外のノンバーバルコミュニケーションにおいても，感情等のメッセージが発せられるので，注意深く読み取って対応していくことが大切である。

❷ 「慮る」力の向上

　図表３－２の表情の特徴をみると，眉や瞼，唇に主に変化が生じることがわかる。つまり，これらの顔の部位は「慮る」を実践する上で，大切な注視ポイントであるといえる。ただし，１つの感情に対して表情の特徴が，１対１あるいは１対多の対応として表れるとは限らない。また，特徴が一瞬しか表情に表れない場合もあれば，表情が比較的持続する場合もある。感情も，驚きと恐怖，嫌悪と怒りといったように複数が同時あるいは連続して表れることもあり，そのようなときには表情の特徴も複合的に表出される。さらに，人は状況に応じて顔の表情を統制（コントロール）するということも忘れてはならない。勝負事に負けて辛く悔しいときでも，人前では悟られないように，故意に笑顔を作ったりすることがある。

　それ故，「慮る」力を発揮し向上させていくためには，感情と顔の表情の特徴との関連を意識しつつも，思い込みや決めつけで，相手の感情や気持ち，考えていることを判断することは禁物である。やはり，相手の表情をしっかりと観るとともに，その他のノンバーバルコミュニケーションによって発せられるメッセージに対しても，注意を払いながら，相手の立場を理解しつつ受け止めることを，意識して継続していくことが，「慮る」力を発揮してコミュニケーション自体を円滑に行うことにつながる。それによって，対人関係がより良好なものへと発展していくのである。

【注】

1）大辞林　第三版（https://www.weblio.jp/content/%E3%81%8A%E3%82%82%E3%82%93%E3%81%B0%E3%81%8B%E3%82%8B　2019年11月22日アクセス）
2）デジタル大辞泉（https://dictionary.goo.ne.jp/word/%E6%85%AE%E3%82%8B/　2019年11月22日アクセス）
3）weblio類語辞書（https://thesaurus.weblio.jp/content/%E6%85%AE%E3%82%8B　2019年11月30日アクセス）

引用・参考文献

Ekman, P., Friesen, W. V.　工藤　力訳編（1987）『表情分析入門』誠信書房
岡本呻也（2001）『慮る力』ダイヤモンド社
自由国民社（2017）『現代用語の基礎知識』
畑山浩昭ほか（2004）『自己表現の技法　文章表現・コミュニケーション・プレゼンテーション』実教出版
Patterson, M.L.　大坊郁夫監訳（2011）『言葉にできない想いを伝える　非言語コミュニケーションの心理学』誠信書房
宮原　哲（2006）『新版　入門コミュニケーション論』松柏社
山田進ほか（2008）『講談社　類語辞典』講談社

第**4**章
コミュニケーション力4
―ディスカッションの方法―

　第1章〜第3章では，コミュニケーション力の基礎ともいえる，聴く，伝える，慮るについて説明してきた。この第4章では，それらの3つの力の応用ともいうべきディスカッションについて学ぶ。ディスカッションは，日常のゼミや授業，クラブ・サークルのミーティング，アルバイト先の会議などでも行われていると思うが，コミュニケーションであることを意識して，コミュニケーション力を効果的に発揮することで成果も変わる。つまり，ディスカッションを通じて，コミュニケーション力のレベルが判断できる。それ故に，コミュニケーション力を重視する企業の採用選考に取り入れられるケースが，近年急速に増加している。

　この章で目指すのは，以下の2点である。

①　コミュニケーションとしてのディスカッションとはどのようなものかを理解すること
②　企業の採用選考手法としてのグループディスカッションを理解すること

　学生生活や就職活動，さらには社会人として職務を遂行する上でも，非常に重要なコミュニケーション手段となるディスカッションについて，ここまで学んできたコミュニケーションの観点から理解することを目標とする。

1　ディスカッションとは

　ディスカッション（discussion）は，外来語として，討論，討議の意味で使われる（自

由国民社，2017：1162）。さらに，情報を出し合う，テーマに沿って意見を述べ合う，問題解決などの目標達成に向けて議論する，といった意味でも日常使われている。討論，討議が訳語として充てられる外来語にはディベート（debate）もある。ディベートとは，定められたルールに従い，対抗する2組が肯定側と否定側に立って討論するコンテスト（自由国民社，2017：1162）のことであり，ディスカッションとは意味が異なる。

① ディスカッションの定義

ディスカッションの意味は，上述の通り複数の人たちが，共有や問題解決，設定されたテーマの深耕など，目的に合わせてお互いの情報や意見を発表し合って，何らかの成果を得ることと理解できるが，実際に行う上でのポイントも踏まえて定義しておく。要点を押さえて，実践者の立場から簡潔に整理されているという点で，ここでは吉田（2014：015）によるグループディスカッションの定義を取り上げ，以下に示す（図表4－1）。

図表4－1　グループディスカッションの定義

グループディスカッションとは

・要件1　時間制約の下で，合意を目指すこと
・要件2　複数のプレイヤーが，意見を出すこと
・要件3　意見をリアルタイムで，すり合わせること

以上の3要件を満たす知的生産の場

出所：吉田（2014）を一部修正

　要件1「時間制約の下で，合意を目指すこと」に関しては，限られた時間の中で何らかの結論（合意）を出す必要があるということである。方向性の見えない話し合いをただ続

けて結論が出ない（合意が得られない）というのは，本来のディスカッションの意味からは外れる。要件2「複数のプレイヤーが，意見を出すこと」は，1人ではなく複数の人が参加することによって行われ，特定の1人が一方的に話すのではなく，またまったく何も発言しない人が存在する状態をつくらずに，参加者全員が意見を出しあうということである。要件3「意見をリアルタイムで，すり合わせること」とは，同じ時間を共有して，各メンバーの意見を尊重して，結論に向けて意見を積み重ねていくことである。以上のような3要件を満たした討論を行うことで，知的な相互作用が生まれて，当初はメンバー誰しもが考えなかったような結論が生まれる場となるのが，グループディスカッションの機能である。

② コミュニケーションとしてのディスカッション

グループディスカッションを実践する上で，まず意識したいのは，これまで学んできたコミュニケーションの基礎である「聴く」「伝える」「慮る」を駆使することである。「聴く」ことは，要件1の"合意を目指す"上で欠かせない。周りのメンバーが発している意見をしっかりと理解して，自分の意見を考えて積み重ねていかないと，議論は噛み合わないし合意も得られない。同様に，要件3における"意見を，すり合わせること"も，メンバーが互いに意見を「聴く」ことを通じて，お互いに深い理解を築かなくては得られない。また，「伝える」についても，要件1の"合意を目指す"ためには，各メンバーが相手に理解してもらえるように，しっかりと自分の意見を「伝える」ことができるかどうかがポイントとなる。同じく，要件2における"意見を出すこと"とは，ただ出すのではなく，相手の理解を目的とした「伝える」にほかならない。要件3の"すり合わせる"でも，「聴く」とともに「伝える」ができないと成立しない。「慮る」は，「聴く」「伝える」で行われるバーバルコミュニケーションを補完するかたちで，より正確により深くお互いの意見や考えや気持ちを理解するために必要とされる。3つの要件を満たすための潤滑油的な役割といえる。

以上のように，ディスカッションの目的を実現するための協働を行う上で，「聴く」「伝える」「慮る」のコミュニケーション基礎力の3要素は不可欠となる。ディスカッションの成果を，メンバーの意見を単に集約したものにしないためにも，反対意見や異なる視点からの意見が重要となるが，そのような意見の価値を高め成果につなげるのは，しっかりと「聴く」「伝える」「慮る」をメンバーが行えるかどうかにかかっていると言っても過言ではない。

2　ディスカッションの進め方

　ディスカッションをより効果的なものとするために，よりよい成果を出すために，事前にメンバー全員で共有しておく必要があるのは，目標の明確化，役割分担，時間管理である。これらを意識せずに行うと，時間をかけた割には想定した成果を得られなかったということにもなりかねない。

❶　目標の明確化

　目標の明確化とは，このディスカッションを行うことによって終了時に，どんな成果を得たいのか，メンバー全員がどのような状態になりたいのか，ということを言語化して，確認・共有することである。例えば，週1回予定されている定例のミーティングや課題のチーム発表が近づいてきたから開催する会議などでは，行うこと自体が目的となり，終了後に開始前の状態と何ら変わらないということもある。どのようなミーティングでも会議でも，ディスカッション終了後の到達点を明確に決めて合意し，全員で到達することを意識しながらディスカッションを行うことが大切である。

❷ 役割分担

　ゼミの時間やサークルのミーティングなど，お互いのことをよく知っている者同士でディスカッションを行う場合には，自由に気軽に意見が言い合えるので，役割など気にせずに行われることが多い。その際に，気持ちよくみんなが発言して，議論した気分になって終了時間を迎えるのだが，気が付いてみると目標がまったく達成できていない，事前に想定した成果を得ることができなかった，ということがある。このような事態を回避するためには，あらかじめ役割を設定することが大切になる。主な役割としては，進行役，書記，タイムキーパーなどが考えられる。進行役は，メンバーからの発言を促し，ディスカッションを進めていく役割である。時には，自らも発言するが，発言者の意見をしっかりと受け止めながら，議論の方向性が異なる方向に向かいそうになったら軌道修正を行い，意見の"すり合わせ"を行い，終了時間までの"合意"形成を目指す。まさに，グループディスカッションの定義（図表４－１）の要件１～３を実現するための進行役である。書記は，発言された意見の要点を書き留めておくとともに，議論が脱線し始めたときに指摘することや，進行役の求めに応じて書き留めたことを伝える，あるいはメンバーに見せてこれまでの意見を確認する，など大切な役割がある。タイムキーパーは文字通り時間を管理する役割である。詳しくは次項「時間管理」で説明する。この他，議論に行き詰まったときに口火を切る役割や，場を和ませたり盛り上げたりして，ディスカッションの促進に一役買うといった非公式の役割も大切である。

❸ 時間管理

　社会人において，仕事における最も重要なタスクは時間管理である。始業終業，仕事の納期，お客様とのアポイントメントなど，仕事は決められた時間のもとに行われる。それ故，それらをいかに正確に上手く管理できるかどうかで，仕事の成果や労働時間へ大きな

影響を及ぼす。それはひいては，自分自身のプライベートの時間とも関連してくる。ディスカッションにおいて，進行役が議論を進めていくが，意見の“すり合わせ”を行い，終了時間までに“合意”形成を行うことを1人で行うには，荷が重すぎる。もちろん，メンバー全員が時計を見ながら，時間を意識して行うことができれば問題ないが，ディスカッションに夢中になると時間を忘れて没頭してしまう。そこで必要となるのがタイムキーパーである。あらかじめコールする時間を決め，参加メンバーに時を告げる役割である。例えば，ディスカッションの時間が1時間だとしたら，30分経過時にコールし，また，残り時間が10分になったら，出てきた意見のまとめや合意形成の準備の合図を行う。それによって参加メンバー全員の意識をそちらに向ける。効果的なディスカッションを行うためには，非常に重要な役割となる。

3　採用選考方法としてのグループディスカッション

　ディスカッションは，日常の活動である授業やゼミ，クラブやサークルでのミーティングで行うことが多いが，近年は企業の採用選考の一手法として取り入れられることが多くなってきた。その理由は，この章の冒頭でも少し述べた通り，ディスカッションを通じて，コミュニケーション力や協調性をある程度判定できると考えられているからである。2018年度に日本経済団体連合会が実施した「新卒採用に関するアンケート調査」[1] によると，「選考時に重視する要素」（複数回答）で“コミュニケーション能力”を82.4％の企業が挙げており圧倒的な第1位である。また，“協調性”が47.0％で第4位となっている。このように，企業が採用選考時に求めているものを見ると，採用選考方法としてのグループディスカッションを取り入れる企業は，今後増えることはあっても減ることはないと考えられる。

❶ 実施理由〜企業はなぜグループディスカッションを行うのか

　企業がグループディスカッションを実施する理由は，先述の通り，選考時に重視する要素である"コミュニケーション能力"や"協調性"を見極めたいからである。また，別の言い方で表現すると，応募書類や個別面接，集団面接からは明確に見えてこない，「この学生（応募者）は，人との関わりの中で，どのように行動するのか」ということを確認したいからである，といえる。同様な点を確認するために，応募者同士がものを一緒に作ったり，プレゼンテーションを協力して行ったりする，グループワーク（共同作業）を課す企業も増えている。こういった採用選考に臨む場合にも，グループディスカッションは必須となる。

❷ 実施方法〜グループディスカッションはどのように行われるのか

　この節では，グループディスカッションの実際の進め方と出題テーマについて説明する。

（1）グループディスカッションの進め方

　一般的には，初めて出会った応募者4〜10名が，1つのグループを形成し行う。テーマが出題され，それについてグループメンバーと討論する。制限時間は，短い場合だと15分，長いと60分のこともある。前節「ディスカッションの進め方」でも述べた通り，テーマの解釈（目標の明確化），役割分担，時間管理が大切なポイントとなる。テーマについてはのちほど詳述するが，一般的には正解がなく，自分たちで解答を作り上げるものが多い。したがって，時には自分たちでテーマを具体的に定義する必要が出てくる場合もある。つまり，言葉の意味やその解釈をメンバー間でしっかりと共有しておくことが，大変重要になる。例えば，「給与が高くて休日休暇の少ない企業と，休日休暇が多くて給与が低い企業のどちらで働きたいか」といったテーマが出題された場合，"給与が高い"とは，

月収あるいは年収いくら以上のことをいうのか，"休日休暇が多い"とは年間何日以上の休日休暇のことをいうのか，といった点を定義して共有しておかないと，議論がかみ合わなかったり，結論を出そうとしたときにすり合わせが困難になったりする。また，役割分担に関しては，先述の進行役，書記，タイムキーパーや非公式な役割に加えて，ディスカッション結果の発表がある場合には，発表役が必要になる。また，時間管理はテーマにもよるが，個人で考える時間，各メンバーが自分の考えを発表する時間，ディスカッションする時間，意見を整理して結論をまとめて合意を得る時間，結果発表がある場合には発表の準備をする時間など，細かく時間管理をする必要性が生じる。これもグループ内の決め事になるが，とても重要かつ困難な役割であり仕事でもある。

（2）出題テーマ

　正解があるテーマは基本的には出題されない。正解を知っているメンバーがいればディスカッションする必要がなくなるからである。自分たちのグループで，意見を出し合い，すり合わせを行い，合意を得て，グループとしての納得解である結論を導くことになる。テーマは，社会・経済・経営などさまざまな分野に関して，時代を反映させた旬のテーマや出題する企業の業界や商品などに関するものなど多岐にわたる。当然，まったく思いもよらない奇想天外な出題もある。そうはいうものの，求められる結論によっていくつかのパターンに分けることができる。主なものとして，企画立案系（〜に関する企画を立てる，○○のイベントを考える，□□のプランを考える，など），選択系（●●の中から１つ選ぶとしたらどれか，□□と■■のどちらを選ぶか，など），表裏系（△△の是非について，▲▲の功罪について，▽▼のメリットとデメリット，など）などがよく見られる。企画立案系ではメンバーがさまざまな"アイディア"をお互いに出し，ディスカッションを通じて深めていくことが求められる。選択系では，メンバー間の意見の相違を，ディスカッションを通じて優先順位付けや１つの回答を選び出すための"コンセンサス"を得ることが求められる。表裏系でも，"アイディア"を出してディスカッションを通じて深めることが求められるとともに，優先順位付けや取捨選択などの"コンセンサス"を得ることも必要となる。

❸ 面接官の視点〜面接官は何を見て，何を判断しているのか

　選考の場であるので，選考する側の視点や評価基準を理解しておくことは大変重要である。面接官の目的は，これまで何度か述べてきたとおり，書類や個別・集団面接からはなかなか見えてこない，"人とのかかわりの中で，どのようにコミュニケーションをとり，どのような協調性を発揮し，あるいはリーダーシップを発揮し，グループに対する貢献活動を行うのか"という点を確認することである。ということは，コミュニケーション力でいえば，これまで学んできた，"聴く""伝える""慮る"をしっかりできているのか，協調性でいえば，自分の役割を意識して行動し，時間内にチームとしての結論をまとめようという目標意識を持っているか，という点になる。当然のことながら，企業によって求める人材像が異なるので，グループディスカッションによる評価基準も企業によって異なる。しかし，以下の４つの観点は，多くの企業が評価基準（項目）として掲げていることが多い。コミュニケーション力における，"傾聴（人の意見にしっかりと耳を傾けながら議論を進めている）"と"明確な発言（相手が話の内容を理解できるように，わかりやすく伝えられる）"，協調性における，"役割行動（自分の役割を意識して行動できている）"と"目標意識（議論のゴールイメージを意識し，時間内にグループとしての結論をまとめようとしている）"である。

　ぜひ，選考の本番に臨む前に，この４つの観点を意識したグループディスカッションの練習を行ってほしい。その際，面接官役として他者のグループディスカッションを評価シート（ワークシート４）を使って評価してみることが，評価者の視点の理解につながり，練習効果を大いに高める。

❹ 注意ポイント〜臨む上で気をつけなくてはいけないこと

　実際に選考場面でグループディスカッションに臨む際に注意すべき点は，以下の５つになる。

①　役割を決める

　これまで述べてきたとおり，制限時間内で一定のクオリティの結論を出すためには，役割分担によって効率的にディスカッションを行うことが不可欠である。

②　グループメンバー全員で合格するつもりで行う

　グループディスカッションの定義（図表４－１）にある要件①〜③を満たすためには，当然必要となってくる心構えである。

③　グループ内のルールを決める

　時間コールはいつするか，発言は挙手制か指名制かなど，いきなり編成されたグループがディスカッションを行いやすいように，あらかじめ決めておくことが大切である。

④　志望企業の従業員の視点を考慮

　志望企業の従業員だったらどう考えるか，という観点からの検討も時には必要になる。そのためには事前の企業研究は必須である。

⑤　ディスカッションを楽しむ

　グループディスカッションを行いながら，コミュニケーションの醍醐味を味わう，すなわち，相互作用による新たな発見や気づきを楽しみながら取り組むことが成果につながる，ということを意味している。

【注】

1）日本経済団体連合会「2018年度　新卒採用に関するアンケート調査結果」（https://www.keidanren.or.jp/policy/2018/110.pdf　2019年12月14日アクセス）

(引用・参考文献)
高田明典（2012）『コミュニケーションを学ぶ』筑摩書房
長尾　確（2018）『ディスカッションを科学する　人間と人工知能の共生』慶應義塾大学出版会
畑山浩昭ほか（2004）『自己表現の技法　文章表現・コミュニケーション・プレゼンテーション』実教出版
吉田雅裕著・東大ケーススタディ研究会編（2014）『東大生が書いた　議論する力を鍛えるディスカッションノート』東洋経済新報社

第5章

コミュニケーション力5
―面接・プレゼンテーション―

　面接，プレゼンテーションは，自分あるいは自分が考えていることをアピールする場，あるいは方法と捉えられることが多い。確かにその要素は大きいと言えるが，それを十分に行いたいと考えたときに，大切にしなくてはならないのが，「聴く」「伝える」「慮る」といったコミュニケーションの基本である。面接であれば，まず面接官の声をしっかりと聴くことから始まる。プレゼンテーションであれば，プレゼンテーションを行う相手をよく観て慮ることから始まる。この章では，面接，プレゼンテーションに関して，コミュニケーション的観点から，コミュニケーションの基本要素をどのように活用したらよいのか，という点について考えていく。

1　面接とは

　面接とは，一言で言うと「面接官と応募者がお互いを理解する場」である。もちろん，何のためにお互いを理解するのかというと，企業側からすると自社の求める人材像に合致しているのかを判断するため，応募者側はこの企業で，あるいはこの企業で働いている人と一緒に働きたいかどうかを見極めるためである。応募者からすると，大変緊張する場であって，問い詰められるのではないかという不安や，自分の弱みを徹底的に暴かれるのではないかといった恐怖までも感じてしまうことがある。学生の中には，これまでの自分の面接経験を振り返り，苦手意識を持っている人も多い。ただ，面接にもその目的（この目的はあくまでも面接する側が決定するもの）に応じて，いくつかの手法がある。それ故，「面

接官と応募者がお互いを理解する場」といいつつも，応募者が一方的に選考を受けるという形態のものもある。ここでは，まず面接にはどのような形態があるのか，次にコミュニケーションの観点から面接で大切なポイントは何か，最後に面接スキルを高めるためにどのようなトレーニングをすればよいのか，について述べる。

① 面接の形態

　一般的に，面接は次の4つの形態に分類される。

① 　個別面接。文字通り，応募者1名に対して，面接官1名あるいは複数名が面接を行う。

② 　集団面接。応募者複数名に対して，面接官1名あるいは複数名が面接を行う。全応募者に同じ質問をして，順番に回答を求めることが多い。

③ 　グループディスカッション。第4章の❸節で説明した通りである。正解のないテーマが出題され，それに対する解答をグループ（4〜10名位）でディスカッションを行いながら，制限時間内に考えるというものである。

④ 　グループワーク。課題が提示され，グループ（4〜10名位）での作業を通じて，何かものを作ったり，プレゼンテーションの準備から発表までを行ったりといった課題を遂行するものである。

　①〜④のうち，③と④は，①と②のように面接官と応募者が直接的なコミュニケーションをとるというよりは，応募者同士がディスカッションやグループワークに取り組んでいる様子を面接官が観察して，①や②では観ることのできない応募者の行動特性や特定のスキルを，評価する目的で行われることが多い。

② 面接はコミュニケーションである

　個別面接と集団面接は，まさに面接官と応募者が，顔を合わせてコミュニケーションを行い，お互いのことを理解する場であるので，「聴く」「伝える」「慮る」が重要となって

くる。「お互いのことを理解する」ために応募者にとって大切なことは2つある。

　まず1つ目は，「面接官が知りたいことは何か」を考えて準備をすることである。相手は知りたいと思うことについて質問するので，それに的確に答えることができれば，面接官の自分に対する理解を促進でき，面接のリズムもよくなるので，面接官に自分やこの面接に対して好感触を持ってもらえる可能性が高くなる。それでは，「面接官が知りたいこと」とは何か。それは，目の前の応募者が「もし我が社に入社したら，どの仕事で，どのように頑張ってくれるのだろうか？」ということに尽きる。このことを知るために，どの企業の面接官も，「これまで，どのような場面で，どのように頑張ってきたのですか？」＝"自己PR""学生時代に力を入れてきたこと"と，「我が社に入社したい理由と，どの仕事でどんなことを行いたいのですか？」＝"志望動機"という質問を行い，応募書類（履歴書やエントリーシート）には，必ずといっていいほど，自己PR，学生時代に力を入れてきたこと，志望動機の記入欄を設ける。

　それから2つ目は，「自分が知りたいことは何か」を明確にして準備することである。そのためには，その企業について研究するのはもちろんのこと，志望する職種の仕事内容や，従業員の人たちの特徴などについても知っておくことが望ましい。そこから，その企業で実際に自分が働くと考えたときに，もっと知りたいことが明確になってくる。

　以上のように，本番の面接では，面接官の質問の意図を理解した上で，まずは面接官の質問やコメントをよく"聴いて"理解し，それに応じて自分に関することや，考え，意見，質問などを的確に"伝える"ことが大切となる。また，相手のノンバーバルの部分にもしっかりと注目して"慮る"ことにより，十分に伝わっていないと感じたときは，自ら補足説明をするといったような行動をとることも必要となる。

❸ 面接トレーニング

　面接の場は，何度臨んでも必ず緊張する。ただし，経験を積むことによって，緊張している自分をしっかりと認識して，その上で相手とどのようにコミュニケーションをすれば

よいかを判断して実行できるようになる。その経験を模擬的に積むために行うのが面接トレーニングである。本番の面接をうまく行うためには，前項で説明した事前準備を行うことと，実践形式でトレーニングすること（ロールプレイング）が重要である。ここでは，3〜4人で行う個別面接の実践形式でのトレーニング方法について説明する。

（1）役割と順番を決める

　役割は，応募者，面接官，観察者，観察者（3人で行う場合は観察者は1人）とする。第1回目から第4回目までで，誰がどの役割を担当するのかを以下の表のように決める。

名　前	第1回目	第2回目	第3回目	第4回目
A	応募者	観察者	観察者	面接官
B	面接官	応募者	観察者	観察者
C	観察者	面接官	応募者	観察者
D	観察者	観察者	面接官	応募者

（2）面接を開始する

　質問と時間を設定して，面接官と応募者は対面し，観察者はその2人のやりとりが見える場所から観察する（右図）。

　最初は，例えば以下のような問答を行ってみる。

面接官　応募者

観察者

　　面接官：「大学名と名前を教えてください。」

　　応募者：大学名と名前を伝える。

　　面接官：「自己紹介を30秒くらいでしてください。」

　　応募者：自己紹介をする。

　少し慣れたら，面接官役は，自己PRや学生時代に力を入れたこと，志望動機などを質問し，応募者は答えることを試みる。

（3）フィードバックシートの記入

　面接官，観察者は，応募者の面接の内容について，バーバルコミュニケーション（答え

た内容がわかりやすかったか，など）とノンバーバルコミュニケーション（視線や表情，話し方や声の大きさ，など）の観点から，シート（ワークシート5－1）にコメントを記入する。

　応募者は，自分の面接がどうであったか振り返り，振り返りシート（ワークシート5－2）を記入する。

（4）振り返り

　シートをもとに，応募者，観察者，面接官の順番で，行ってみて感じた感想，観察してみて気づいたこと，面接官として感じたことや気づいたこと，などフィードバックコメントを述べる。応募者は，他のメンバーからのフィードバックコメントを書き留める。

　以上の（1）〜（4）の流れで練習することで，他者から見える自分や面接官の視点を知ることができ，自分では気づいていなかった癖や特徴を認識したうえで，本番の面接に臨むことができる。

2　プレゼンテーションとは

　プレゼンテーションとは，presentationであり，これはpresent+ationである。presentには数々の意味があるが，ここで用いられるのは，日本語でも日常的に使われている "プレゼントする" である他動詞のpresentであり，人に何かを贈る，提出する，紹介する，提示する，提供する，など[1]の意味である。ationは動作・結果・状態を表す名詞語尾[2]であるから，presentationとは，人に対して何かを，贈る，提出する，紹介する，提示する，提供する動作・状態，だということがわかる。つまり，プレゼンテーションとは，コミュニケーション的要素が非常に大きく作用する行為であるといえる。それ故に，昨今の企業の採用選考の現場において，選考手法としてプレゼンテーションを取り入れる企業も増加している。

❶ 目的は「人を動かす」こと

　プレゼンテーションとは，人に何かを贈ったり，提示したりする行為だということは先述した通りだが，その目的はさまざまである。人に喜んでもらうこと，自分の考えを理解してもらうことや，ビジネスであれば，自分の思いに共感して協働してもらうこと，商品の良さを理解して買ってもらうこと，などその他数々の目的が考えられる。ただ煎じ詰めていくと1つのことに到達する。それは「人を動かす」ことである。「人を動かす」とは，次の2つの意味と捉えることができる。①受け手の心を動かす。つまり，プレゼンテーションを行う相手の心に，感動をもたらす，驚嘆を与える，刺激を与える，ということである。②受け手の身体を動かす。つまり，プレゼンテーションの受け手に対して，①に連動した行動を喚起する，促進するということである。この「人を動かす」ということに関して，カーネギー（Carnegie, Dale）はその著書『人を動かす』の中で，「人を思い通りに動かすたった一つの方法は，相手が欲しいものを与えること」と述べている（カーネギー，2016：32）。

❷ コミュニケーションとしてのプレゼンテーション

　プレゼンテーションでは，コミュニケーション技術としてスライドのデザインや作成方法も大変重要となるが，その点に関しては，詳細に解説された書籍が世の中には数多く存在するので，そういった書籍や章末の参考文献に示した書籍を活用して，別途学びを深めてほしい。ここでは，コミュニケーションの手法のうち，特にノンバーバルコミュニケーションを重視したプレゼンテーションについて考える。

　プレゼンテーションというと，大きな声で強い口調で元気よく話す，いわゆる"押し"や"勢い"が大切だと思われがちである。しかし，"押し"や"勢い"だけの一方通行では，人を動かすことはできない。たとえ受け手が大勢いたとしても，五感を駆使して受け

手の聞こえない声をしっかりと"聴き"，ノンバーバルコミュニケーションの種類と機能に注意を払いながら，相手の気持ちや思いを"慮り"，受け手の"ほしいもの（望んでいるもの）"を感じとり，双方向のコミュニケーションを意識して，"伝える"ことが大切である。その結果，コミュニケーションの重要な機能である"相互作用"が生じる。つまり，プレゼンテーションを行う側も，受け手からの反応をしっかりと聴いたり慮ったりすることで，受け手の"ほしいもの（望んでいるもの）"を把握し，もっと上手に伝えるためには話し方を変えなくてはいけない，あるいはしっかりと聴いてもらえているのでこの調子で伝えていこう，など，プレゼンテーション自体をより効果的にするためのヒントを得ながら進めることができる。このことは，受け手を動かすことに拍車をかけることになる。こうした相互作用を，プレゼンテーションの場で効果的に生み出すためには，特にノンバーバルコミュニケーションの種類と機能を意識した行動が重要となる。

③ プレゼンテーションを行う際のポイント

　プレゼンテーションを個人で行う場合とチームで行う場合で，先述のコミュニケーション的観点は共通して重要となるが，それ以外にそれぞれの場合において留意すべき点がある。

　まず，個人で行う場合の留意点であるが，パーソナルブランド（山本，2014：22）を意識することである。パーソナルブランドとは，他者からの評価によってつくられる，他者にとっての自分の価値のことである。つまり，プレゼンテーションでは，受け手が伝え手に対して抱く，印象も含めた，「この発表者は自分にとって価値が高いのかどうか」，カーネギーの言葉を借りて言い換えれば，「自分の欲しいものを与えてくれるのかどうか」ということである。それ故，受け手にとって自分の発表内容や発表の仕方は価値があるのか，意味があるのか，を常に問い続けることが重要となる。そのためには，準備段階を通じてその節目節目で，信頼できる他者の眼でチェックしてもらい，そのフィードバックをもらいながら改善していく，という取り組みが大切になる。

また，チームでプレゼンテーションを行う場合には，準備段階での留意点として，３章の❷節で述べた「ディスカッションの進め方」，すなわち〝目標の明確化〟〝役割設定〟〝時間管理〟を確実に遂行することによって，活発で深いディスカッションができるかどうかがカギとなる。これができれば，発表内容もよく検討されたわかりやすいものになり，発表場面でも，メンバー同士が意思疎通しながらスムーズに発表を行うことができ，受け手からの質問に対しても，メンバー全員で回答できるようになる。

　プレゼンテーションはコミュニケーションの１つの手法であるから，その〝人を動かす〟という目的を実現するために，伝え手は受け手の声をよく聴き，気持ちを慮りながら，伝えていくことが求められるということは先に述べたが，それを確実に遂行するためには，受け手をしっかりと観ることが必須である。それはすなわち，原稿を見たり，投影スライドに目を向けている時間をなるべく減らして，極力受け手の様子を観るということを意味する。それを実現するためには，発表時に与えられる条件（空間，時間，機器，など）となるべく同じ条件の下で，リハーサルを繰り返し行い，チェックを何度も重ねなくてはならない。なぜなら，リハーサルの回数とプレゼンテーションの成果は比例するからである。

【注】

1) weblio 英和辞典（https://ejje.weblio.jp/content/present　2019年12月14日アクセス）
2) weblio 英和辞典（https://ejje.weblio.jp/content/ation　2019年12月14日アクセス）

（引用・参考文献）
五十嵐健（2011）『世界一わかりやすいプレゼンの授業』中経出版
井庭　崇・井庭研究室（2013）『プレゼンテーション・パターン─創造を誘発する表現のヒント』慶應義塾大学出版会
Ｄ・カーネギー，東条健一訳（2016）『人を動かす　完全版』新潮社
辻太一朗（2007）『採用力のある面接　ダメな面接官は学生を逃す』日本放送出版協会
畑山浩昭ほか（2004）『自己表現の技法　文章表現・コミュニケーション・プレゼンテーション』実教出版
山本秀行（2014）『あなたをもっと高く売る　パーソナルブランディング』日経BP社
山本御稔（2011）『プレゼンテーションの技術』日本経済新聞出版社

第 **2** 部

働くしくみを知る

第6章
日本の人事制度について

1　年功序列について

　日本的経営を論じるうえで，昭和の高度経済成長を支えたとされる，いわゆる三種の神器として，終身雇用，年功序列，企業別労働組合が挙げられる。中でも日本の人事制度の中心を担ってきたのが，終身雇用の維持を支えた主な要因の1つである年功序列であるといえよう。

　年功序列とは，一般的には，年齢と勤続年数に応じて，昇進，昇給などが決められていく人事的な慣行とされる。

　そしてその長所，短所はそれぞれ以下のように整理される[1]。

　長所としては，労働者側から見ると，終身雇用と併せて，例えば，何歳までに課長になれる，その収入を見込んで家が建てられるなど将来設計，生活設計の見通しがつきやすく，安心感が得られ，長期的に働く動機が生まれる。一方，経営者側から見ると，労働者を年齢，勤続年数といった客観性のある指標で評価・判断することができる。

　また短所としては，労働者側から見ると，能力に差があっても，年齢，勤続年数が同じであれば，同等の職階，賃金ということになり，特に，能力のある人の仕事へのモチベーションが低下する危険がある。能力より，年齢や勤続年数で評価されているように判断されがちで，若い人からの反発が強いという傾向もある。一方，経営者側から見ると，能力，

成果の差ではなく，同じ年齢，勤続年数によって職階，賃金を決めなければならず，人件費は右肩上がりの傾向が続く可能性が高くなってしまう。低収益の環境下では収益を圧迫する要因の１つになる。

　つまり年功序列は，高度成長期のような右肩上がりの経済情勢下では，将来的な昇給，昇格などへの期待が持てることから，従業員の定着率の高まりとともに，終身雇用の維持にもつながり，年功序列はその長所を発揮することとなる。そうしたことから事実，日本においても1960年〜1980年代の高度成長期・安定成長期においては，年功序列という考え方が人事制度の中心であった。

　しかし1990年代以降，バブル経済崩壊後の経済低迷とともに年功序列の短所が顕在化したといえよう。すなわち経済低迷，低収益の環境下では，年功序列に基づく人件費が収益を圧迫する大きな要因の１つとなったことから，企業はこれまでの年功序列を中心とする人事制度を，根本的に見直す必要に迫られた。

　年功序列の短所を補うものとして，注目されたのが成果主義という考え方であった。

2　成果主義について

　成果主義とは一般的に，仕事の成果や業績に基づいて社員の給与や役職を決める仕組み，とされる（日本経済新聞社編，2008：150）。

　日本生産性本部と厚生労働省の調査からは，1996年から2014年にかけて，年齢や勤続年数に基づいて評価・処遇を行う年功制を導入している企業割合は低下，さらに1991年から2014年にかけて年俸制を導入している企業割合は増加という調査結果であり，近年，成果主義がより広範に導入されている，といえよう（荻原，2017：149）。

　そしてその成果主義の長所，短所はそれぞれ以下のように整理される[2]。

　長所として，各個人が目標に向かって自主的に仕事ができるようにすることを狙い，成

果を上げれば評価されるので，モチベーションも上がり，さらに意欲的になる。また成果を上げることによって会社へ貢献していることも実感できて，経営側も無駄なコストを払わなくてすむ。

　短所としては，成果を上げるために個人プレーに走りがちになることが挙げられる。直接成果に結びつかないことは無駄と捉えられ，他人と協働しないばかりか，他人の足を引っ張る場合もある。また，はじめから目標を低く設定して，内容も複雑な仕事より単純・簡単な仕事を選ぶこともある。こうした短所の原因の多くは，成果の定義，評価基準が曖昧で，労使間や上司・部下双方で合意が取れていないことにある。単純に結果だけなのか，プロセスも評価するのかしないのか，給与と評価をどこまで連動させるのか，といった問題である。また，成果の達成状況が，管理者の判断による部分が大きいので，管理者の評価能力も問われる。

　上記，短所の原因について説明をつけくわえるならば，評価の仕方，方法などに問題が多いことを指摘している。具体的には営業部門のように，ある程度，数値化できるところは問題ないかもしれないが，研究に関わる部門や事務的な部門，あるいはチーム，グループなどで仕事，業務に取り組んでいる部門などについては，さまざまな捉え方があるという意味において，その成果の数値化はなかなかむずかしく，曖昧な評価になるリスクの可能性が高い，といわざるをえないであろう。

3　成果主義の課題

　近年，成果主義がより広範に導入されているといわれるが，導入した各企業の従業員からは，あまりいい評価は聞こえてこない。また成果主義を導入したものの，なかなか成果につながっていかない，ということも指摘されている。ここらへんの点について，もう少し具体的に考察してみたいとおもう。

　労働政策研究・研修機構（2006：259）のアンケート調査結果が，図表6−1「成果

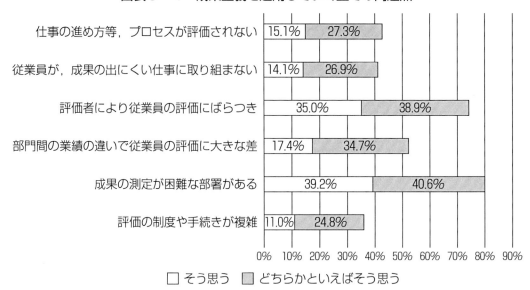

図表6－1　成果主義を運用していく上での問題点

項目	そう思う	どちらかといえばそう思う
仕事の進め方等，プロセスが評価されない	15.1%	27.3%
従業員が，成果の出にくい仕事に取り組まない	14.1%	26.9%
評価者により従業員の評価にばらつき	35.0%	38.9%
部門間の業績の違いで従業員の評価に大きな差	17.4%	34.7%
成果の測定が困難な部署がある	39.2%	40.6%
評価の制度や手続きが複雑	11.0%	24.8%

□ そう思う　■ どちらかといえばそう思う

出所：労働政策研究・研修機構「変革期の勤労者意識」を一部修正

主義を運用していく上での問題点」に示されている。

　「そう思う」「どちらかといえばそう思う」「どちらともいえない」「どちらかといえばそう思わない」「そう思わない」「わからない」「無回答」のうち，「そう思う」「どちらかといえばそう思う」と肯定的な回答比率がグラフ化されている。やはり目を引くのが，「成果の測定が困難な部署がある」79.8％，「評価者により従業員の評価にばらつき」73.9％，「部門間の業績の違いで従業員の評価に大きな差」52.1％，あたりであるが，総じて前述の「成果主義の短所」を裏づけるような形の調査結果内容で，とりわけ評価の仕方，方法などに問題があるといえよう。

　また2005年から2006年にかけて実施された社会経済生産性本部による調査[3]においても，成果主義導入企業が約9割に及ぶ一方で，これらの企業では，客観性・納得性の高い業績評価やプロセス評価の整備はすすめられているものの，約5割（49.8％）は「現場での評価能力にバラツキがあり，適正な評価が出来ていない」と感じている，としていて前述の調査同様，評価の仕方，方法などに問題があることを指摘する結果となっている。

さらに2015年3月3日付の日本経済新聞の記事を引用してみたい。『人事評価に「不満」4割，日経など意識調査，「基準曖昧」で不公平感』というタイトルで，その内容を抜粋，要約すると，

　日本経済新聞社とNTTコム　オンライン・マーケティング・ソリューションのNTTコムリサーチが共同で実施した人事評価に関する意識調査によると，評価制度に不満を感じているビジネスパーソンは4割弱だった。ここ10年で成果主義が広がり，人事評価制度を整備する企業が増えた。だが基準が曖昧だったり，評価者の説明が不十分だったりと運営面に課題を残しているようだ。

　さらに記事内の図表の一部を引用した，図表6−2「人事評価への不満理由」から明らかなように，不満を感じている理由（3つまで回答可）のトップが「評価基準が明確に示されていない」（41.0％）。半数以上の人が評価結果のフィードバックを評価者から受けているものの，納得のいく説明がなされていないのが現状のようだ。「評価者の好き嫌いで評価される」（38.7％），「評価者が直属の上司しかおらず，評価が一面的」（24.9％）も理由に挙げた人が多かった。75.0％の人が課長・部長クラスの直属の上司が評価を決めていて，上司との相性が評価を左右することに不公平感があるようだ。賃金制度を聞いたところ，成果主義が8割を占めた。行き過ぎた成果主義の失敗を反省し，企業は広い視野で従業員を評価しようと目標管理制度などを導入。だが運用する現場は十分な教育を

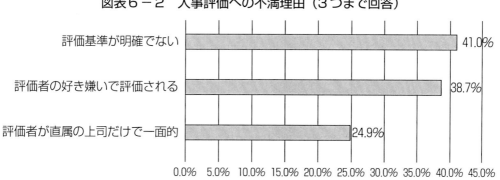

図表6−2　人事評価への不満理由（3つまで回答）

出所：日本経済新聞（2015年3月3日付）を一部修正

受けておらず，機能していないことも少なくない。

　ここまでの考察からも近年，成果主義がより広範に導入されているものの「導入した各企業の従業員からは，あまりいい評価は聞こえてこない」，「成果主義を導入したものの，なかなか成果につながっていかない」などの背景がみえてくるであろう。そしてこうした背景からは，近年，企業が成果主義という人事制度を導入しても，その運用に苦慮し，試行錯誤を繰り返している状況にあるといっていいであろう。

4　働き方改革について

　近年の日本の人事制度を論じるうえで，大きな影響要因の１つである，働き方改革についてもふれておきたい。
　厚生労働省によれば，「働き方改革」の目指すもの[4)]，として，

　『我が国は，「少子高齢化に伴う生産年齢人口の減少」，「育児や介護との両立など，働く方のニーズの多様化」などの状況に直面しています。こうした中，投資やイノベーションによる生産性向上とともに，就業機会の拡大や意欲・能力を存分に発揮できる環境を作ることが重要な課題になっています。』

　さらに，

　『「働き方改革」は，この課題の解決のため，働く方の置かれた個々の事情に応じ，多様な働き方を選択できる社会を実現し，働く方一人ひとりがより良い将来の展望を持てるようにすることを目指しています。』

　としている。

　具体的には，政府広報によれば[5)]，

長時間労働の是正と，多様で柔軟な働き方の実現として，

・時間外労働の上限規制

・年次有給休暇の確実な取得

・労働時間の客観的な把握

・フレックスタイム制の拡充

・高度プロフェッショナル制度

・勤務間インターバル制度の普及促進

・産業医・産業保健機能の強化

・残業の割増賃金率の引上げ

が挙げられている。

　また，雇用形態にかかわらない公正な待遇の確保としては，

・不合理な待遇差の解消

・待遇に関する説明義務の強化

・行政指導や裁判外紛争解決手続（行政ADR）の規定の整備

が挙げられている。

　これら働き方改革の背景としては，過労死，労働生産性低迷，女性の社会進出，仕事と家庭（子育て，介護等）の両立，ワークライフバランス（仕事と生活の調和），少子高齢化，人口減少，労働力不足，正規社員と非正規社員との間の不合理な待遇差，などなど，労働環境に関わるさまざまな社会的問題が指摘される。

　当然のことながら，上述のことをふまえ，各企業においても諸々の人事的対応を迫られている。例えば，我が国を代表する企業の１つであるトヨタ自動車をみてみよう。

　トヨタ自動車による働き方改革への取組として[6]，従業員の仕事と育児および介護との両立を含めた「柔軟な働き方への変革」を通じて，１人ひとりが生産性高く，能力を最大発揮し，いきいきと働ける職場を実現していく。メリハリのある働き方の実現と心身の健康維持を目的に，新しい働き方や年次有給休暇の取得促進，女性の一層の活躍推進に取り

組んでいる，としている。具体的には，在宅勤務制度の新設，年次有給休暇取得促進の取り組み，仕事と育児の両立支援に向けた柔軟な勤務時間制度，女性の活躍推進，心身の健康維持，障害者雇用機会の拡充，人材確保制度充実，が挙げられている。

　ここまでの考察からも明らかなように，近年の働き方改革への政府の取り組み，トヨタ自動車等，企業の取り組み事例，いずれの取り組みにしても，これまでの日本的人事慣行を少なからず見直す形となることから，成果主義導入をくわえての人事的変革期という意味において，日本の人事制度は過渡期にあるといえよう。

【注】
1）JMR生活総合研究所　J-marketing.net「年功主義」
　　（https://www.jmrlsi.co.jp/knowledge/yougo/my08/my0822.html　2019年12月11日アクセス）
2）JMR生活総合研究所　J-marketing.net「成果主義」
　　（https://www.jmrlsi.co.jp/knowledge/yougo/my08/my0824.html　2019年12月12日アクセス）
3）財団法人　社会経済生産性本部　社会労働部・雇用システム研究センター「第9回　日本的人事制度の変容に関する調査結果概要」
　　（https://activity.jpc-net.jp/detail/lrw/activity000665.html　2019年12月15日アクセス）
4）厚生労働省「『働き方改革』の目指すもの」
　　（https://www.mhlw.go.jp/stf/seisakunitsuite/bunya/0000148322.html　2019年12月19日アクセス）
5）政府広報「働き方改革を知ろう！」
　　（https://www.gov-online.go.jp/cam/hatarakikata/about/　2019年12月19日アクセス）
6）厚生労働省「働き方・休み方改善ポータルサイト」
　　（https://work-holiday.mhlw.go.jp/detail/04229.html　2019年12月20日アクセス）

(引用・参考文献)
荻原祐二（2017）「日本における成果主義制度導入状況の経時的変化：年功制の縮小と年俸制の拡大（1991〜2016）」『科学・技術研究』6(2)
日本経済新聞社編（2008）『日経　経済用語辞典』
労働政策研究・研修機構（2006）「変革期の勤労者意識—「新時代のキャリアデザインと人材マネジメントの評価に関する調査」結果報告書—」『労働政策研究報告書』No.49

第7章
コーポレート・ガバナンス，内部統制，コンプライアンス

1 コーポレート・ガバナンスについて

❶ コーポレート・ガバナンスの定義

　コーポレート・ガバナンスとは，一般的に企業統治を意味する。定義についてはさまざまなものがあるが，わが国の近年の現状をふまえて策定された下記のものが，代表的な定義の1つといえるであろう。

　平成26年12月12日，金融庁，東京証券取引所を事務局とする，「コーポレート・ガバナンス・コード（企業統治指針）の策定に関する有識者会議」が行われた。そこでとりまとめられた「コーポレート・ガバナンス・コード原案」～会社の持続的な成長と中長期的な企業価値の向上のために～[1] の中で，コーポレート・ガバナンスを次のように定義している。

　『「コーポレート・ガバナンス」とは，会社が，株主をはじめ顧客・従業員・地域社会等の立場を踏まえた上で，透明・公正かつ迅速・果断な意思決定を行うための仕組みを意味する。本コード（原案）は，実効的なコーポレート・ガバナンスの実現に資する主要な原則を取りまとめたものであり，これらが適切に実践されることは，それぞれの会社において持続的な成長と中長期的な企業価値の向上のための自律的な対応が図られる

ことを通じて，会社，投資家，ひいては経済全体の発展にも寄与することとなるものと考えられる。』

　つまりは，「株主をはじめ顧客・従業員・地域社会等の立場を踏まえた上で，透明・公正かつ迅速・果断な意思決定を行うための仕組み」の趣旨として，企業経営者の独断的，暴走的な経営判断などを牽制する仕組み，と解されよう。

　また，コーポレート・ガバナンスの問題は次のように整理される（勝部，2011：150）。

① 会社はだれの利益を重視して経営すべきか（会社はだれのものか）。

② そのような経営をさせるためには経営者権力をどのように牽制・制御すればよいか（会社権力のチェック・アンド・バランス）。

③ 経営者による権力行使に正当性はあるか（経営者支配の正当性）。

　こうした問題認識から，ガバナンス論とは，制度化した大企業を，経営者がだれのためにどのように動かすかを中心とした議論といえよう。

❷ コーポレート・ガバナンスに関わる事例

　東芝の不正会計事件を事例としてとりあげたい。

　そもそもの発端は，東芝関係者からの内部通報であったとされる。朝日新聞（2016年9月18日）によれば，その経緯として，2009年以降の7年間で，利益の水増し額は累計2,248億円に達し，事件発覚後に設置された第三者委員会による調査では，社長らが「チャレンジ」と称して利益を上げることを強く指示していたことなどが問題視された，としている。そして，その第三者委員会による調査内容が，『調査報告書』にまとめられている。その報告書（2015：232-240）によれば，不適切な会計処理の発生原因として，

- 経営トップらの関与を含めた組織的な関与があり，かつ，意図的に「当期利益の（実力以上の）嵩上げ」をする目的の下におこなわれたものであること。
- 当期利益至上主義と目標必達のプレッシャー。
- 適切な会計処理に向けての意識（コンプライアンス意識）が希薄であったこと。
- 内部統制部門による内部統制機能が機能していなかったこと。
- 監査委員会による内部統制機能が働いていなかったこと。
- 会計監査人による統制機能により是正されなかったこと。

を指摘していて，とりわけ経営者の姿勢を問う内容となっている。

　東芝は日本企業の中では「ガバナンスの優れた企業」として評価されていたが，優れたガバナンス・システム，内部統制システムを構築しようとも，それに魂を吹き込むのは人間であり，特にトップの経営者の倫理観に問題がある場合や，意図して不正行為に手を染める場合には，こうした不正を防げないといえよう（佐賀，2015：142）。

2　内部統制について

❶ 内部統制の定義

　代表的な定義の１つとして，金融庁が公表している「企業会計審議会　第15回内部統制部会」の資料[2] によると，

　「内部統制とは，基本的に，業務の有効性及び効率性，財務報告の信頼性，事業活動に関わる法令等の遵守並びに資産の保全の４つの目的が達成されているとの合理的な保証を得るために，業務に組み込まれ，組織内のすべての者によって遂行されるプロセスをいい，統制環境，リスクの評価と対応，統制活動，情報と伝達，モニタリング（監視活動）及びIT（情報技術）への対応の６つの基本的要素から構成される。」

これらからわかるように内部統制とは，一般的に企業などにおいて，その組織，すなわち経営者を含む全社員が遵守しなくてはならない社内のルールや仕組み，プロセスを指す。

❷ 内部統制に関わる事例

東洋ゴム工業の免震材料の不正事件を事例としてとりあげたい。

日本経済新聞（2015年6月25日）によれば，東洋ゴム工業が免震ゴムの性能データを改ざんしていた問題で，社外の弁護士で構成する調査チームは最終報告書の中で，経営陣が性能不足の疑いを把握しながら迅速に手を打たなかったことを強く批判した。

その報告書（2015：18-21）によれば，調査により判明した事実と免震材料の不正事案の発生原因として，

（1）東洋ゴム工業（株）内的要因に関わること

①　業務実施体制が脆弱で，不正が生まれやすい環境

②　社内チェック体制が不十分で，不正を見逃しやすい環境

③　不正対応システムが不十分で，問題発覚後の不適切な対応により被害が拡大

④　外部に対する「見える化」等が不十分で，不正を見逃しやすい環境

⑤　断熱パネル問題の再発防止策が不十分

（2）外的要因に関わること

①　指定性能評価機関による性能評価の限界

②　工事施工者等によるチェックの限界

③　ISO9001の認証機関の審査に限界

④　大臣認定後のフォローが不十分

⑤　過去に不正を行った企業に対する監視が不十分

を指摘している。とりわけ（1）東洋ゴム工業（株）内的要因に関わること，において，不正を行った開発部門当初担当者は，摩擦補正を適切に行うことなく不正な補正を行う一方，品質管理部門の長は，長年変更のない工程や担当者の固定化に加え，大臣認定を取得しているという仕組みを根拠に，免震材料には問題ないとのイメージを持っているなど，社内の品質管理の仕組みが有効に機能していなかったとされ，問題の深刻さを示しているといえよう。このように開発部門だけでなく，品質管理部門の担当者にも問題があったということから，内部統制のずさんさ，コンプライアンス意識の希薄さなどが問われる内容となっている。

3　コンプライアンスについて

① コンプライアンスの定義

コンプライアンスとは「法令遵守」「法律や社会的な常識・通念を厳密に守ること」と定義され，一般には民間企業の監督官庁に対する贈賄や反社会的な勢力との接触禁止，投資家や顧客の保護を徹底することを指す（日本経済新聞社編，2008：101）。

各企業においても，その企業におけるコンプライアンス定義を明記しているところが，多くみられる。各社のホームページより，例えば，

- シャープでは，コンプライアンスを「法令や企業倫理などの社会ルールおよび社内ルールを守ること」と定義。
- ソフトバンクグループが考えるコンプライアンスとは「法令順守はもとより社会通念や道徳といった，社会から求められるより高いレベルの倫理に従って行動すること」と捉えています，としている。
- 富士フイルムグループは「コンプライアンス」を「法律に違反しないということだけでなく，常識や倫理に照らして，企業や個人が正しい行動を行うこと」と定義。

・トヨタは基本理念の中で「内外の法およびその精神を遵守し，オープンでフェアな企業活動を通じて，国際社会から信頼される企業市民を目指す」としており，この理念を実践することがトヨタに期待された社会的責任を果たすことであり，コンプライアンスの確立につながるものと考えています，としている。

・三菱商事は，コンプライアンスを「法令・国際ルールおよび社内規定の遵守にくわえ，一般的な社会規範に対しても適切に配慮して行動すること」と定義。

　これらからは，単なる法令遵守にとどまることなく，社会規範など幅広い見地から，守るべきルールとして，コンプライアンスを捉えようという意図がうかがえるであろう。

❷ コンプライアンスに関わる事例

　電通事件を事例としてとりあげたい。日本経済新聞（2016年10月8日）によれば，その概要はこうだ。

　『広告大手の電通に勤めていた高橋まつりさん（当時24）が自殺したのは，直前に残業時間が大幅に増えたのが原因だとして，三田労働基準監督署（東京）が労災認定していたと，遺族代理人の川人博弁護士が明らかにした。川人氏によると，高橋さんは東大卒業後の4月電通に入社し，インターネット広告などを担当した。本採用となった10月以降，業務が増加し，11月上旬にはうつ病を発症したとみられる。12月25日，東京都内の社宅から投身自殺した。労基署は発症前1カ月の残業時間は月約105時間に達したと認定。2カ月前の約40時間から倍増していた。高橋さんは「土日も出勤しなければならないことがまた決定し，本気で死んでしまいたい」「休日返上で作った資料をボロくそにいわれた。もう体も心もズタズタだ」などの言葉を会員制交流サイト（SNS）などで発信していた。電通は取材に「社員の自殺については厳粛に受け止める。労災認定については内容を把握していないので，コメントは差し控える」と説明した。』

ここで出てくる労災とは労働災害のことで，一般的には業務中，業務上で発生したケガや疾病などの災害を補償する制度で，企業責任が問われるものである。

　結果として，電通は当時，会社としての責任を認めなかったが，2000年3月の最高裁判決は「会社は過労で社員が心身の健康を損なわないようにする責任がある」と認定。過労自殺で会社の責任を認める司法判断の流れをつくった。電通はその後，遺族と和解。責任を認めて再発防止を誓った（朝日新聞：2016年10月8日）。

　この電通の労働基準法違反事件は，その後，厚生労働省の働き方改革を後押しすることとなり，2019年より関連法案の一部が施行されている。こうした長時間労働などについては，日本の企業における重要な経営課題の1つとなっている。

4　コーポレート・ガバナンス，内部統制，コンプライアンスが注目される背景

　以上，コーポレート・ガバナンスに関わる事例としての，東芝の不正会計事件，内部統制に関わる事例としての，東洋ゴム工業の免震材料の不正事件，さらにコンプライアンスに関わる事例としての電通事件，とふれてきた。

　しかし，内容的にみればわかるように，いずれの事件においても，コーポレート・ガバナンス的要因，内部統制的要因，コンプライアンス的要因，それぞれの単独的要因から生じた事件というよりは，これらの要因が複合的に絡み合ったうえで，生じた事件とみるのが適切であろう。

　ではなぜ近年，コーポレート・ガバナンス，内部統制，コンプライアンスがこれほどまでに注目されるのであろうか。大きな背景の1つとして，企業不祥事が次々と生じて後を絶たないことが，第1に挙げられるのではないだろうか。

2018年だけみても，

・KYB（油圧機器メーカー）　免震装置データ改ざん

・スズキ（自動車メーカー）　検査不正

・スバル（自動車メーカー）　検査不正

・スルガ銀行　不正融資

・日産自動車　検査不正

・はれのひ（振り袖の販売・レンタル業）　粉飾決算，詐欺

などなど，が挙げられ，これらの事件内容が報道されるたびに，コーポレート・ガバナンス，内部統制，コンプライアンスなどのワードがあふれる。こうした企業不祥事は，深刻な社会問題にもなりうることから，コーポレート・ガバナンス，内部統制，コンプライアンスなどのワードが並ぶ報道については，常に注意深く把握して理解に努めるべきであろう。

【注】

1）金融庁「コーポレート・ガバナンス・コードの基本的な考え方（案）」
（https://www.fsa.go.jp/singi/corporategovernance/siryou/20141212/01.pdf　2019年10月22日アクセス）
2）金融庁「企業会計審議会　第15回内部統制部会　議事次第」
（https://www.fsa.go.jp/singi/singi_kigyou/siryou/naibu/20061120.html　2019年11月1日アクセス）

引用・参考文献

株式会社東芝 第三者委員会（2015）『調査報告書』

勝部伸夫（2011）「大企業のコーポレート・ガバナンス」三戸　浩・池内秀己・勝部伸夫『企業論』有斐閣

佐賀卓雄（2015）「東芝の不正会計問題とコーポレート・ガバナンス改革」『証券レビュー』55（10）日本証券経済研究所

日本経済新聞社編（2008）『日経　経済用語辞典』

免震材料に関する第三者委員会（2015）『免震材料に関する第三者委員会　報告書（国土交通省に対する提言）』

第 **8** 章
CSR（企業の社会的責任）

1　CSRの定義について

　CSRとは，Corporate Social Responsibilityの略で，一般的に「企業の社会的責任」と訳される。

　CSRの代表的な定義をいくつか挙げておきたい。

　EU（欧州連合）による定義では[1]，

　『EUがCSRを最初に定義したのは2001年のこと。CSRを「企業が社会および環境についての問題意識を，自主的に自社の経営およびステークホルダーとの関係構築に組み入れること」と定義した。「持続的な経済成長が可能で，より多くのよりよい雇用と一層の社会的結束力を備えた，世界で最も競争力と活力のある知識基盤型経済圏」の構築を目指すリスボン戦略（2000～2010年）の目標達成に向け，CSR活動の強化が重要な要素と位置づけられたのだ。』

　さらに，2008年に世界的金融危機の発生などを受け，新たな定義として，

　『2011年10月，欧州委員会は「CSRに関するEU新戦略2011－2014」と題された新しいコミュニケーション（政策文書）を発表した。その中でCSRは「企業の

社会への影響に対する責任」と新たに定義された。』

経済産業省による定義では[2]，

「CSR（企業の社会的責任）とは，企業が社会や環境と共存し，持続可能な成長を図るため，その活動の影響について責任をとる企業行動であり，企業を取り巻く様々なステークホルダーからの信頼を得るための企業のあり方を指します。」

一般社団法人日本経済団体連合会（以下，経団連）では，1991年「経団連企業行動憲章」が制定・発表された。その後「企業行動憲章」と改定され，さらに何度かの内容的改定を経て，2010年に改定された「企業行動憲章」の序文（一部抜粋）によれば[3]，

『とりわけ企業は，所得や雇用の創出など，経済社会の発展になくてはならない存在であるとともに，社会や環境に与える影響が大きいことを認識し，「企業の社会的責任 (CSR: Corporate Social Responsibility)」を率先して果たす必要がある。具体的には，企業は，これまで以上に消費者の安全確保や環境に配慮した活動に取り組むなど，株主・投資家，消費者，取引先，従業員，地域社会をはじめとする企業を取り巻く幅広いステークホルダーとの対話を通じて，その期待に応え，信頼を得るよう努めるべきである。』

としている。

また2004年，経団連が「CSR推進にあたっての基本的考え方」[4] を発表していて，その内容的ポイントの1つとして，「企業行動憲章および実行の手引きを見直し，CSR指針とする。」と記されている。

そしてそのCSR指針としての「企業行動憲章」であるが，経団連編（2018：1），1991年9月14日　制定，2017年11月8日　第5回改定，の「企業行動憲章」—持続可能な社会の実現のために—によれば，以下のように定められている。

　『企業は，公正かつ自由な競争の下，社会に有用な付加価値および雇用の創出と自律的で責任ある行動を通じて，持続可能な社会の実現を牽引する役割を担う。そのため企業は，国の内外において次の10原則に基づき，関係法令，国際ルールおよびその精神を遵守しつつ，高い倫理観をもって社会的責任を果たしていく。

（持続可能な経済成長と社会的課題の解決）

1．イノベーションを通じて社会に有用で安全な商品・サービスを開発，提供し，持続可能な経済成長と社会的課題の解決を図る。

（公正な事業慣行）

2．公正かつ自由な競争ならびに適正な取引，責任ある調達を行う。また，政治，行政との健全な関係を保つ。

（公正な情報開示，ステークホルダーとの建設的対話）

3．企業情報を積極的，効果的かつ公正に開示し，企業をとりまく幅広いステークホルダーと建設的な対話を行い，企業価値の向上を図る。

（人権の尊重）

4．すべての人々の人権を尊重する経営を行う。

（消費者・顧客との信頼関係）

5．消費者・顧客に対して，商品・サービスに関する適切な情報提供，誠実なコミュニケーションを行い，満足と信頼を獲得する。

（働き方の改革，職場環境の充実）

6．従業員の能力を高め，多様性，人格，個性を尊重する働き方を実現する。また，健康と安全に配慮した働きやすい職場環境を整備する。

（環境問題への取り組み）

7．環境問題への取り組みは人類共通の課題であり，企業の存在と活動に必須の要件として，主体的に行動する。

（社会参画と発展への貢献）

8．「良き企業市民」として，積極的に社会に参画し，その発展に貢献する。

（危機管理の徹底）

9．市民生活や企業活動に脅威を与える反社会的勢力の行動やテロ，サイバー攻撃，自然災害等に備え，組織的な危機管理を徹底する。

（経営トップの役割と本憲章の徹底）

10．経営トップは，本憲章の精神の実現が自らの役割であることを認識して経営にあたり，実効あるガバナンスを構築して社内，グループ企業に周知徹底を図る。あわせてサプライチェーンにも本憲章の精神に基づく行動を促す。また，本憲章の精神に反し社会からの信頼を失うような事態が発生した時には，経営トップが率先して問題解決，原因究明，再発防止等に努め，その責任を果たす。』

　これらのCSR指針からは，企業の社会に対するあり方に関することと解されるが，各企業においても，これらの代表的CSR指針をふまえたうえで，各企業判断でのCSR方針，活動に取り組んでいるところが少なくない。

　実際に，経団連企業行動委員会が2009年，企業（回答企業，437社）に実施した「CSR（企業の社会的責任）に関するアンケート調査結果」[5] の中で，「CSRを推進する上で参考にしているガイドライン（基準，イニシアチブ等）」，という調査結果が図表8−1に示されている。

　図表8−1「CSRを推進する上で参考にしているガイドライン（基準，イニシアチブ等）」からも明らかなように，経団連の「企業行動憲章実行の手引き」や「CSR推進ツール」は，実に約7割の企業で活用されていることがわかる。

図表8－1　CSRを推進する上で参考にしているガイドライン（基準，イニシアチブ等）

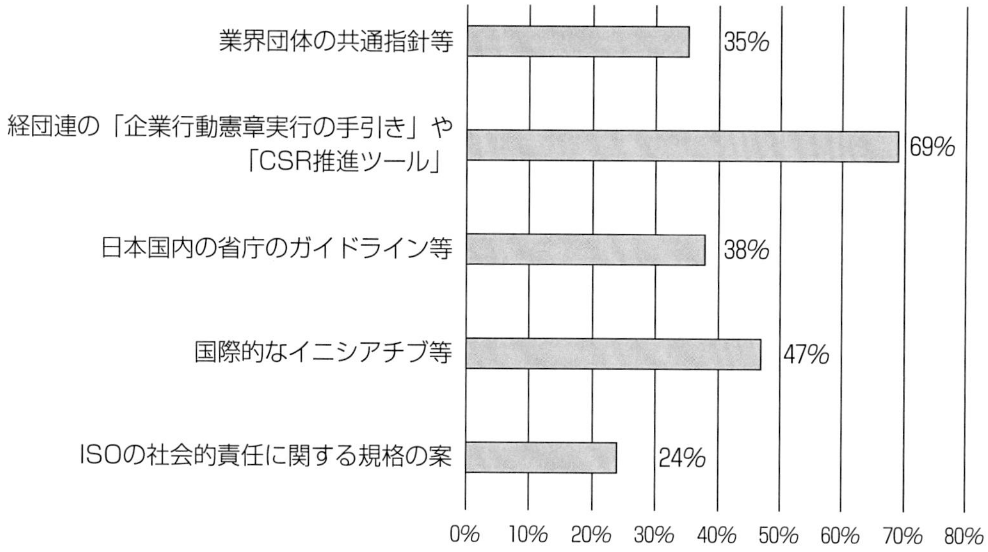

業界団体の共通指針等　35%

経団連の「企業行動憲章実行の手引き」や
「CSR推進ツール」　69%

日本国内の省庁のガイドライン等　38%

国際的なイニシアチブ等　47%

ISOの社会的責任に関する規格の案　24%

0%　10%　20%　30%　40%　50%　60%　70%　80%

出所：2009年経団連企業行動委員会「CSR（企業の社会的責任）に関するアンケート調査結果」
　　　より筆者作成

2　CSRの歴史的経緯

　近年では多くの企業で，CSRへの取り組み方や，取り組み実績，またはその課題，目標などを毎年発表するようになっている。

　例えば，東洋経済CSR企業ランキング2019年[6]において，第1位となったNTTドコモをみてみると，そのホームページ[7]などからもわかるが，CSRに関わることについてかなりの分量を割いて，詳細に発表している。その内容の一部であるが，「NTTドコモグループCSR方針」として，

・Innovative docomo：私たちは，全ての事業を通じ，新たな価値を創造します
　その取り組むべき社会的課題として，以下の6つを挙げている。
　教育，健康・医療，モビリティ，生産性向上，働き方改革，気候変動

さらに,

・Responsible docomo：私たちは，全ての企業活動を通じ，誠実な行動を徹底します　その取り組むべき中核主題として，以下の7つを挙げている。

人権，組織統治，公正な事業慣行，労働慣行，コミュニティ参画，消費者課題，環境

そして，これらをふまえたうえで,

・ドコモは，社会的価値のある新しいサービスを創出することで，社会とともに持続的な成長・発展をめざしています。CSRは事業活動と別にあるものではなく，事業活動そのものととらえ，社会に貢献するために新たな価値を提供していくことを事業の根本として，Innovative docomoとResponsible docomoの2つの側面によるCSR方針を策定して取組みを推進しています。

としている。ではなぜ近年，NTTドコモをはじめとして，各企業がこのように積極的にCSRに取り組む姿勢をみせるのであろうか。その歴史的経緯をみてみたい。

　川村（2012：2）は，「日本CSRのDNAの形成過程」として以下のように，日本でのCSRの歴史的経緯を整理している。

・起点（1956年）経済同友会の決議「経営者の社会的責任の自覚と実践」：1956年 ⇔ 1956年は日本のCSR元年

・第1期（1960年代）産業公害に対する企業不信・企業性悪説 ⇒ 公害対策基本法の成立（特定汚染規制，出口管理）：1967年 ⇒ 企業現場での産業公害への個別対策

・第2期（1970年代）列島改造論・石油ショック後の企業の利益至上主義批判 ⇒ CSRと商法改正の大論争，CSR国会決議：1974年 ⇒ 公害部の創設，利益還元の財団設立

・第3期（1980年代）相次ぐ総会屋事件とカネ余り・バブル拡大 ⇒ 企業市民としてフィランソロピーやメセナの展開

・第4期（1990年代）バブル崩壊と企業倫理問題，地球環境問題の顕在化 ⇒ 経団連

「企業行動憲章」の制定：1991年 ⇒ ISO14001の発行（環境マネジメント・システム）：1996年 ⇒ 企業行動規範の策定，地球環境部の設置

・第5期（2000年代）相次ぐ企業不祥事，新しいステークホルダーの認識 ⇒ 欧米SRIファンドの襲来，CSR格付の普及 ⇒ CSR部・室の設置，バウンダリーの認識 ⇔ 2003年は日本のCSR経営元年

・第6期（2010年代）ISO26000（社会的責任の国際規格）の発行：2010年 ⇒ 日本経団連「企業行動憲章」の改訂：2010年 ⇒ ISO26000を基にCSR経営・報告の見直し

IIRCの「統合報告」公開草案の公表：2011年 ⇒ 日本を含め世界的に統合報告書の発行企業の増加

　こうした経緯からみえてくることとして，主に企業の不祥事などを背景に，それが社会的な問題にまで発展することで，CSRすなわち企業の社会的責任が問われ，論じられてきた。つまり，企業は社会の一員であり，それ相応の社会的責任を果たす必要性が論じられてきたともいえよう。とりわけ「2003年は日本のCSR経営元年」といわれるように，CSRに本格的に取り組む日本の大企業が比較的多くみられ，このころからグローバル化が加速する中，欧米CSRの検討，などの議論が広がりをみせていくこととなる。

　近年のように，企業にとってはCSRへの取り組みの評価が，企業そのものを評価する主な基準の1つとなっていく中，各企業が積極的にCSRに取り組む姿勢をみせるのは，必然の結果ともいえるのではないだろうか。

　具体的には戦略的CSRという用語にもみられるように，CSR → 企業イメージ向上 → 売上げや雇用・モチベーションに寄与 → 利益の増大，という図式から，企業は積極的にCSRに取り組む姿勢を発信していく必要性を認識していると考えられよう（三戸，2011：297）。

【注】

1) EU MAG「企業の競争力を強化するEUのCSR戦略」
   (http://eumag.jp/feature/b0913/　2019年11月21日アクセス)
2) 経済産業省「企業会計，開示，CSR（企業の社会的責任）政策」
   (https://www.meti.go.jp/policy/economy/keiei_innovation/kigyoukaikei/index.html
   2019年11月21日アクセス)
3) 経団連「企業行動憲章」
   (https://www.keidanren.or.jp/policy/cgcb/charter2010.html　2019年11月23日アクセス)
4) 経団連「企業行動憲章の改定について」
   (https://www.keidanren.or.jp/japanese/policy/cgcb/kaitei.html　2019年11月23日アクセス)
5) 経団連企業行動委員会「CSR（企業の社会的責任）に関するアンケート調査結果」
   (https://www.keidanren.or.jp/japanese/policy/2009/075/index.html　2019年11月24日アクセス)
6) 東洋経済新報社「最新版CSR企業ランキングトップ500社」
   (https://toyokeizai.net/articles/-/285738　2019年11月29日アクセス)
7) NTTドコモ「CSRレポート」「NTTドコモグループ　サステナビリティレポート2019」
   (https://www.nttdocomo.co.jp/corporate/csr/about/pdf/　2019年11月30日)

(引用・参考文献)

川村雅彦（2012）「日本の『CSR経営元年』から10年"日本CSRのDNA"は，いかに形成され，どう変貌するのか」『ニッセイ基礎研レポート』　2012-11-30
経団連編（2018）「企業行動憲章」
三戸　浩（2011）「近年のCSR活動とCSR指標・CSRランキング」三戸　浩・池内秀己・勝部伸夫『企業論』有斐閣

第**9**章
企業活動の法的知識
―独占禁止法の基本的な考え方―

1　はじめに

　企業は，利潤を上げるためにさまざまな経営戦略を展開する。一般的には，いかに価格を安くし，それでいて品質の良い製品を製造するかということを考えて，他の企業よりも高い利益を得ようとするのが，企業の本来的なあり方であるといえる。

　このように考えると，企業には，さまざまな方法で製品を開発したり，効率的なサービスを提供したりすることが求められることになる。つまり，他の企業と競い合うことになる。

　競い合い，すなわち競争は，市場においては重要な意義を持っている。したがって，企業には，この競争を展開することが期待される。

　この場合の競争とは，公正な手段を用いて行われるべきものであり，これが害される場合には，法的に規制されるべきことになる。そして企業などの事業活動を行うものは，この規制に反しない限りにおいて，これを行わなければならない。

　そこで，本章では，公正競争の維持に関連する法的規制として，その中心的な役割を果たす，独占禁止法の概要を確認する。

2　独占禁止法の目的

　独占禁止法は，厳密には「私的独占の禁止及び公正取引の確保に関する法律」が正式名

称であるが，長い名称の法律であることから，一般的には，「独占禁止法」や「独禁法」と呼ばれることが多い。以下では，「独禁法」と呼ぶこととする。

　独禁法は，第二次世界大戦後の占領下に，いわゆる財閥解体などの経済民主化政策の流れの中で，経済力が再び集中することを防止するという改革と，その維持を目的として1947年に制定された。その後，その規制のあり方は，停滞化したり活発化したりなどの紆余曲折を経て改正なども行われつつも，公正な競争を維持するという役割を担ってきた。

　独禁法の目的は，その第1条で示されている。第1条は「この法律は，私的独占，不当な取引制限及び不公正な取引方法を禁止し，事業支配力の過度の集中を防止して，結合，協定等の方法による生産，販売，価格，技術等の不当な制限その他一切の事業活動の不当な拘束を排除することにより，公正且つ自由な競争を促進し，事業者の創意を発揮させ，事業活動を盛んにし，雇傭及び国民実所得の水準を高め，以て，一般消費者の利益を確保するとともに，国民経済の民主的で健全な発達を促進することを目的とする。」と規定している。この条文は，長文になっている上に意味を理解しにくい部分があるかもしれないが，①「公正かつ自由な競争を促進」すること，②「一般消費者の利益を確保するとともに，国民経済の民主的で健全な発達を促進すること」の2点を独禁法の目的として，理解しておくことが大切である。ただし，この2つの目的は並列的な関係に立つものではなく，①は直接目的，②は究極目的として位置づけられている。

3　独禁法に違反するとは？

　ここまででみてきたように，独禁法は，公正で自由な競争を促進することを直接目的とする。それでは，これに反するとして規制されるのは，具体的にはどのような場合だろうか。

　独禁法に違反するとされるのは，大きく分けると，行為についてと市場構造に与える影響についての2つになる。前者は当該行為を問題とするもので，行為規制と呼ばれる。

後者は，行為そのものではなく，それによって市場が反競争的に変化してしまう場合を問題とするものであり，市場構造規制と呼ばれる。具体的には，前者に該当するものとして，①私的独占，②不当な取引制限，③不公正な取引方法が挙げられ，後者に該当するものとして，いわゆる企業結合規制が挙げられる。

　日常的な企業の活動においては，行為規制が問題となりやすいことから，行為規制についてそれぞれみていくことにしよう。

4　私的独占

　私的独占は，2条5項において以下のように定義されている。「この法律において「私的独占」とは，事業者が，単独に，又は他の事業者と結合し，若しくは通謀し，その他いかなる方法をもつてするかを問わず，他の事業者の事業活動を排除し，又は支配することにより，公共の利益に反して，一定の取引分野における競争を実質的に制限することをいう。」この定義規定から，私的独占を構成する行為がどういうものであるかを確認してみよう。

　まず，私的独占は，「単独に，又は他の事業者と結合し・・・」からわかるように，1社単独で行うものに限られないことになる。

　次に，具体的に問題となる行為は，「他の事業者の事業活動を」「排除」する行為と「支配」する行為である。

　排除行為は，この規定からも読み取れるように，「他の企業（事業者）の事業活動の継続を困難にしたり，新規参入困難にしたりする行為」（岸井ほか　2022：82）などであると捉えられている。この時に，一般的に用いられる言葉としての「排除」を私的独占の要件となる排除にそのまま置き換えることは不適切であることもあり得る。そもそも，市場で事業者が競争するということは，本質的には，顧客を奪い合うことであり，競争相手を市場から排除する効果を伴うことになるからである。

　例えば，企業Aが，経営の効率化をはかり，新製品の開発部門を充実させるなどの努力

を行った結果，価格を安くでき，品質も優れた製品を製造できるようになり，それを販売したとする。さらに宣伝広告などにも力を入れたところ，それが報われてその製品が大量に売れたとする。他方この結果として，このような点に劣る企業Bが，倒産に追い込まれるなどして，市場から排除されたとする。この時，AはBを排除したとして，私的独占という独禁法違反とされるのはおかしいことがわかるだろう。

　これに対し，先ほどと同様の例で，AがBとの競争で優位に立つために，例えばBが原材料を購入することにしているCに頼んで，Bには原材料を売らないようにしてもらうとした場合はどうだろうか。たとえこれによってAがBとの競争に打ち勝って売り上げを伸ばしたとしても，それは公正な競争の結果ではないことになる。

　このように，私的独占に該当する要件である「排除」は，公正な競争によらない形で競争者を市場から追い出す場合であり，公正な競争による場合は含まないことになる。

　「支配」する行為は，相手方の事業者を自らの意思でコントロールする場合である。

　次に「公共の利益に反」することが要件となるが，この点は，すでに「排除」「支配」のところで考慮されていることになるので，要件としては大きな意味を持つものではないことになる。つまり，「排除」や「支配」は不当なそれらであるため，これらの要件を満たす場合は，公共の利益に反するものだといえる。

　これに対し，次の要件である，「一定の取引分野における競争の実質的制限」は，重要となる。まず「一定の取引分野」であるが，これは取引の場である，市場と同じ概念であると考えられる。しかし，正確には，独禁法上は競争制限効果が及ぶ範囲を問題にするため，条文では「一定の取引分野」という用語が用いられる。

　一定の取引分野は，商品・役務（サービス）および地理的な代替性を基に画定（範囲を定めることであるため，「確定」ではなくこの用語が用いられる）する。具体的には以下のような方法で行う。まず，出発点となる商品の範囲を考える。例えば，商品としてシュークリームを考える。この時，一定の取引分野をシュークリームだけで画定すると一般的には狭すぎると考えられるため，シュークリームと代替する商品を含めていくことで商品の範囲が決められる。この時用いられるのが，仮想的独占者テストである。

シュークリームの例で，これを生産する企業が１社独占であると仮定し，この企業が，「小幅であるが無視するほどではない程度にかつ一時的ではない値上げ」（small but significant and nontransitory increase in price: SSNIP）を行うことが利益になるかということを考えていくことで一定の取引分野を画定する。この点について具体的には，５～10パーセントの値上げを１年間行うという数値が基準として用いられる（企業結合ガイドライン第２の１（注２））。この手法によって，利益にならないという場合は，商品範囲はさらに広げて考えられていくことになる。

　例えば，先ほどの例で，１社独占と仮定したシュークリームについて，１年間10パーセントの値上げをした場合，顧客の多くがエクレアを買うようになるとしたら，この値上げは利益にならない。この場合はシュークリームとエクレアは同じ商品であると考える。すなわち，この２つは同じ商品であると考えられる。そこで，同様に他の商品を加えて検討していくことで，値上げをしても利益になる，すなわち別の商品とされるものが出てきた場合には，それは，同じ一定の取引分野に属するものではないとして外される。この作業を続けることで，商品分野が画定される。

　このようにして，商品および役務の範囲が決まれば，地理的な観点から同様に範囲を画定することになる。例えば，画定された商品の独占が仮定された企業が，Ａ県で値上げをした場合に，顧客の多くがＢ県でそれを購入するようになる場合には，利益にならないため，Ａ県とＢ県は同一の地理的範囲であるとされる。この場合は，Ｃ県やＤ県などに範囲を広げて考えていくことになる。

　以上のように画定した一定の取引分野において，競争の実質的制限が認定される場合に私的独占が成立する。競争の実質的制限は，具体的な事案ごとに判断されることになるが，一般的には，市場支配力を形成・維持・強化することであると捉えられる。実際には，事前に市場支配力を有する企業が，事業活動を展開するにあたって，競争者たり得る企業に対して，排除，支配をすることが競争の実質的制限をもたらすものであることが多い。しかし，行為前に市場支配力を有することは要件とされないことに留意すべきである。ここまででみた要件をすべて充足する場合に私的独占が成立することになる。

5 不当な取引制限

　次に不当な取引制限についてみていこう。不当な取引制限は，2条6項において以下のように定義されている（なお以下での説明の便宜のために，下線は筆者が付したものである）。「この法律において「不当な取引制限」とは，事業者が，契約，協定，その他何らの名義をもつてするかを問わず，他の事業者と共同して対価を決定し，維持し，若しくは引き上げ，又は数量，技術，製品，設備若しくは取引の相手方を制限する等相互にその事業活動を拘束し，又は遂行することにより，<u>公共の利益に反して一定の取引分野における競争を実質的に制限すること</u>をいう」

　私的独占の場合と同様にここからまた，不当な取引制限の要件を確認していこう。

　まず，不当な取引制限は，「他の事業者と共同して」とあることから，私的独占とは異なり，必ず複数事業者間での共同行為であることが確認できる。

　共同行為が競争を制限するということから考えると，具体的には，価格カルテルなどが典型例として考えられる。価格カルテルは以下のような行為である。例えば，シュークリームを製造販売する事業者Ａ，Ｂ，Ｃが，価格競争を展開すると，シュークリーム1個の値段をできるだけ下げなくてはならないので，もっと手っ取り早く儲けることを考えたとする。そこでＡ，Ｂ，Ｃ，3社が話し合いをして，シュークリーム1個あたり，300円以上で販売することを決めて実行したとする。このように，価格競争を回避して，話し合いなどで，各社の販売価格を取り決めて実行することが価格カルテルである。

　この場合，問題となるのは，価格を決めて合意することである。したがって，Ａ，Ｂ，Ｃの3社がそれぞれ独立に検討して価格を決めた結果，たまたま同じ価格になったとしても，それは問題ではない。このことを明らかにするために，「共同して」が要件となっている。すなわち，「共同して」の要件は，何らかの意思の連絡があって，価格等が取り決められることを意味する。

　2条6項に示される要件としては，次に「相互に・・・拘束」が重要になる。これは一

一般的に，「相互拘束」と呼ばれる。「拘束」という文言を見て，どのようなことをイメージするだろうか。もしかしたら，強制的にやらせるようなことを思い浮かべるかもしれない。確かにこれを互いに行うことも，「相互拘束」であるといえる。しかし，それに留まらず，例えば，価格カルテルなどが行われることの合意が「拘束」にあたるものと考えられている。つまり，合意するということは，互いにそこで決められたことを行うについて了承したことになるわけだから，それに従うことが求められるため，拘束されることになる。

　この次の要件として，「遂行する」が挙げられる。この「遂行する」は，条文上，前に出てくる「共同して」がかかっているものとして読まれ，一般的には，「共同遂行」と呼ばれている。この「共同遂行」は，例えば価格カルテルの場合，実際に決められた価格で販売等をすることを意味する。これは概念的には，「相互拘束のもとでの事業活動の態様を示す意味で」や「拘束の意味を補完し，把握の対象を遺漏なからしめるために」加えられたものとして説明される（岸井ほか，2019第8版補訂版：105）。

　ここまでで確認した，相互拘束と共同遂行という要件は，条文の文言としてみてみると「又は」でつなげられている。このことからすれば，両者は，選択的あるいはそれぞれ独立の要件であるようにもみえる。しかし，学説の通説的立場や裁判例では，両者を一体のものとして捉え，相互拘束を中心として捉え，共同遂行を付属的に捉えている。

　不当な取引制限のその他の要件として，本節冒頭に示した2条6項の下線を引いた部分が挙げられる。気づいた方もおられるかもしれないが，この部分は私的独占とまったく同じ文言になっている。したがって，すでに確認したことにはなるが，不当な取引制限については，以下のような意味で捉えることが必要となる。

　まず，「一定の取引分野」は，ここまでに見てきた，相互拘束，共同遂行が行われる場ということになる。例えば，カルテルの場合，それが対象とする取引がこれにあたると考えられる。しかし，行為の時点では実際に競争していなかったとしても，当事者が合意することによって，事業活動の制限をもたらすような場合には，そこに取引分野が成立することに留意すべきである。

　次に，「競争の実質的制限」は，相互拘束，共同遂行によってもたらされる効果である

ことが必要になる。一般的にこれは，ある程度自由に自らの意思で価格，数量，品質を左右することで市場を支配するような状況がこれにあたると考えられる。

ここまでにみた要件のすべてを満たす場合に，不当な取引制限が成立する。不当な取引制限に該当する典型的な行為は，これもここまでで例として扱ってきた価格カルテルなどである。しかし，不当な取引制限に該当する行為はこれに限定されるわけではない。入札における談合なども，相互拘束，共同遂行に該当することから，不当な取引制限に該当することになる。

6　不公正な取引方法

最後に，独禁法に違反する3つの行為類型のうち最後の不公正な取引方法についてみておこう。不公正な取引方法は，ここまででみてみた私的独占，不当な取引制限が，競争の実質的制限を共通の要件としていたのとは異なり，公正競争阻害性を要件とする。一般的に，以下のいずれか（またはいくつか）を害する場合に，公正競争阻害性があるものと考えられている。

① 　自由な競争：事業者相互間の自由な競争が妨げられていないこと
② 　競争手段の公正さ：能率競争により自由な競争が秩序付けられていること
③ 　自由競争基盤：取引主体が取引の諾否及び取引条件について自由かつ自主的に判断することによって取引が行われているという自由競争基盤が保持されていること

公正競争阻害性がある行為を規制するということは，幅広い行為がその対象となることを意味する。このことから，不公正な取引方法の定義規定は2条9項となっているが，大変長いものになっている。そこでここでは，2条9項の条文をすべて挙げることはせず，具体的な行為類型を整理して概観しておくこととする。

不公正な取引方法は，2条9項1号～5号に規定された行為と，6号イ～ヘのいずれ

かに該当する行為であって，公正取引委員会が指定したものとに分けられる。前者は，条文に規定された違法行為であり，法定の行為類型と呼ばれ，後者は指定の行為類型と呼ばれる。指定の行為類型は，あらゆる事業者に一般的に適用される一般指定によるものと特定の事業分野の事業者のみに特定される特殊指定によるものとに分けられる。ここでは，一般指定を取り上げることとする。

具体的な行為類型については，以下の図を参照して確認してみよう。

法定の行為類型	指定の行為類型
共同の取引拒絶（2条9項1号）	共同の購入拒絶（一般指定1項）
	その他の取引拒絶（2項）
差別対価（継続的供給）（同2号）	その他の差別対価（3項）
	取引条件等の差別的取扱い（4項）
	事業者団体における差別取扱い等（5項）
典型的な不当廉売（3号）	その他の不当廉売（6項）
	不当高価購入（7項）
	ぎまん的顧客誘引（8項）
	不当な利益による顧客誘引（9項）
	抱き合わせ販売等（10項）
再販売価格の拘束（4号）	排他条件付取引（11項）
	拘束条件付取引（12項）
優越的地位の濫用（5号）	取引の相手方の役員選任への不当干渉（13項）
	競争者に対する取引妨害（14項）
	競争者に対する内部干渉（15項）

このように多くの行為が不公正な取引方法の規制対象となるが，いずれも公正競争阻害性があることが違法性の要件となっている。

7　法令を遵守した経営活動の重要性

本章では，独禁法の基本的な仕組みを見てきた。独禁法は，スポーツのルールに似ていると感じ得たかもしれない。

スポーツでは，反則をしないで相手に打ち勝つことが求められる。同様に，市場におけ

る企業の活動も，ルールに従って，公正な方法で利益をあげて，競争者に打ち勝つことが求められる。

　この場合，スポーツの試合に出る人は，その種目のルールを知っていることが前提となる。そして，そのルールに従うことになる。企業の活動について，利益を得て，競争者に勝つためにはどのような手段を用いても良いということにはならない。この時，スポーツのルールに当たるのが独禁法である。この仕組みやここで違法とされる行為をしないように経営を展開することが重要となる。

（引用・参考文献）

金井貴嗣・川濱　昇他編（2018）『独占禁止法　第6版』弘文堂
川濱　昇・瀬領真吾・泉水文雄・和久井理子（2020）『ベーシック経済法－独占禁止法入門（第5版）』有斐閣
岸井大太郎・大槻文俊・中川晶比兒・川島富士雄・稗貫俊文（2022）『経済法－独占禁止法と競争政策　第9版補訂』有斐閣
鈴木孝之・河谷清文（2017）『事例で学ぶ独占禁止法』有斐閣
根岸　哲・舟田正之（2015）『独占禁止法概説　第5版』有斐閣

第 **10** 章
職場における差別禁止の法的規制

1　はじめに

　日本国憲法14条1項は，すべての国民に対し，法の下の平等を保障している。具体的には，人種，信条，性別，社会的身分または門地により差別されないことが規定されている。差別は，基本的人権を傷つけ，個人の尊厳に対する深刻なダメージを与えかねないものである。このことから，国の最高法規である憲法において，差別の禁止が規定されている。

　差別が禁止されるべきことは，労働者と使用者との関係でも重要な要請となる。職場における差別が問題になりうるケースはさまざまである。例えば，性別，社会的身分，信条などによる差別的な扱いや待遇などが挙げられる。このような差別は，先ほど確認したように，憲法上許されるものではない。この憲法上の要請を，労使関係において個別具体的に実現するための法制度はどのようになっているだろうか。

　職場や雇用における差別禁止に対して規制することは，世界的な潮流ともなっている。そこで，本章では，わが国における職場や雇用における差別禁止の法的な規制を概観する。

2　労働基準法3条における差別禁止規制

　労働基準法（以下「労基法」という）3条は，「使用者は，労働者の国籍，信条又は社会的身分を理由として，賃金，労働時間その他の労働条件について，差別的取扱をしてはな

らない」と規定している。この規定をよくみてみると，条文の文言上，「性別」による差別は禁止の対象とされていないことに気付くだろう。しかし，特に女性の労働条件について，労働時間の規制が別に設けられていることから，「性別」による差別も当然に許容されるものではない。

　この規定によれば，①国籍，②信条，③社会的身分による差別が禁止される。そこで，それぞれについて少し詳しくみてみよう。

❶ 国　籍

　国籍は，一般的には個人を特定の国に結びつける法律上のつながりや，その国の国民たる資格などと説明される。したがって，外国籍を有する人をそのことを理由として差別的に扱ってはいけないということになる。しかし，ここでは，それにとどまらず，人種も含まれると解される（小畑ほか，2019：133）ことから，人種による差別も認められないことになる。

　外国人に対する差別が問題となった事件として，東京国際学園事件（東京地判平13・3・15）がある。この事件は，外国人については期間を定めて雇用していることが問題とされた。東京地方裁判所は，外国人教員の雇用にあたって，日本人教員とは異なる賃金体系を用いて高額の賃金を支払っていることをとらえて，外国籍であることや人種による明らかな差別には該当しないとした。このように，雇用形態が異なることをもって外国人に対して日本人と異なる扱いをしても，労基法3条によって禁止される差別には該当しないとされている。

　他方で，例えば整理解雇の際に，外国人であることを基準に解雇が行われたような場合には，国籍による差別に該当するといえる（早川，2009：10）。しかし，このような場合には，解雇が外国人であることを理由にするものか，雇用形態に基づくものかが必ずしも明らかでないことがあり，そのような場合には，当該差別に関する意図の認定・判断が必要とされることになる。

❷ 信 条

　信条は，一般的には，堅く信じて守っている事柄等と考えられている。労基法３条における信条は，必ずしも宗教的信条に限定されるものではなく，政治的な信条も含まれるものと解される。したがって，特定の宗教的・政治的信念等を有することを理由として，差別的扱いをすることは，労基法３条によって禁止される。

　この点が問題とされた事件として，東京電力事件が挙げられる。この事件は，東京電力による思想・信条による差別に関して訴えが提起されたものであり，６つの地域で裁判が行なわれた。すなわち，群馬事件（前橋地判平５.８.24　労判635-22），山梨事件（甲府地判平５.12.22　労判651-33），長野事件（長野地判平６.３.31　労判660-73），千葉事件（千葉地判平６.５.23　労判661-22），神奈川事件（横浜地判平６.11.15　労判667-25）の５件の他いわゆる東京事件であった。しかし，東京事件については判決を待たず和解した。

　ここでは，そのうち前橋地方裁判所に訴えが提起されたいわゆる群馬事件についてみておこう。

　群馬事件は，原告側労働者等が，共産党員またはその支持者であることを理由として，賃金関係の処遇において差別された上，党員を辞めることを強要されたことについて，賃金などの処遇に関する差別に対する財産的損害等に対する請求を含むものであった。

　本件で，前橋地方裁判所は，思想・信条を主たる理由とする差別意思の下に賃金査定を不利益に行ったことを問題として，原告勝訴の判決を下した。このように，思想・信条を理由とする査定の差別は，均等待遇を規定する労基法３条に違反することが明らかにされた。

　他方で，三菱樹脂事件では，同様に思想・信条を理由とした扱いが問題とされたのであるが，原告の主張は退けられている。この事件は，原告が，三菱樹脂株式会社に将来の管理職候補として３ヶ月の試用期間の後に，雇用契約を解除できる権利を会社が留保する

という条件の元で採用されたところ，原告がいわゆる60年安保闘争に参加したことを理由に採用が拒否されたことについて，原告が雇用上の地位を確認する訴えを起こしたものであった。1審と2審は原告の主張を認めたが，上告審で最高裁判所は，労基法3条における信条による差別の禁止は，雇入れ後における労働条件についての制限であって，雇入れそのものを制約する規定ではないことを示し，結果的に原告の主張を退けた。

❸ 社会的身分

　労基法3条における差別禁止の最後の要素となるのが，社会的身分である。これは，具体的には，門地，被差別部落，非嫡出子，帰化人，孤児などが挙げられる。社会的身分は，自らの意思で離脱することができない，生まれながら，またはそれに準じる身分である。

　したがって，パートタイムや契約社員，一般職などの雇用における契約内容や形態が異なることに基づく取り扱いの違いは，ここで意味されるところの社会的身分には該当しないことに留意すべきである。

　この点に関連する事件として，日本郵便逓送事件（大阪地判平14. 5. 22）の概要をみてみよう。原告は，郵便局の郵送物の運送等を事業内容とする会社に，3ヶ月の雇用期間で雇用される期間臨時社員として関係業務に従事しており，契約を更新されていたところ，原告は，正社員と同一の労働を行っているにも関わらず，会社が正社員と同一の賃金を支払わないことを不服として提訴した事件である。本件で，裁判所は，原告の主張を退けた。

　本件は，先ほど確認したように，雇用形態が異なる場合に賃金格差が生じても，社会的身分による差別とはいえないことを示した事件であったといえよう。

　以上において，労基法3条における差別規制をみてきた。この規定は，憲法14条において保障される法の下の平等の理念を具体化するものであると位置づけられる。憲法14条の文言では，人種，性別，門地が挙げられているが，労基法3条では，これらの文言

は存在しない。ただし，人種，門地については，労基法３条の社会的身分に含まれるものと考えられている。

　性別については，労基法３条の文言には存在しないが，性別による差別が許容されるわけではない。性別による差別については，労基法４条および男女雇用機会均等法によって，禁止されている。そこで，次にこれらの規定の趣旨を確認しながら，性別による差別の禁止についての法的な仕組みをみておこう。

３　性別による差別の禁止

　雇用における性別の差別をなくし，男女の雇用について平等になされることは先にみた憲法14条の法の下の平等原則との関係でも重要なことである。男女雇用平等ということは，採用またはその前の段階の募集，配置や研修等の教育訓練，福利厚生の利用，賃金，昇進や配属などの人事そして，退職に至るまでの雇用のすべての段階で性別に関係なく働く者が平等に扱われることが意味される。

　このような平等を実現するための法制度はどのようになっているだろうか。まず，男女雇用平等に関連する法制度の歴史的展開を概観することで，この法制度の実態を理解していこう。

❶ 男女雇用平等法制度の展開

　1947年に制定された労基法では，第６章の規定の中で，女性（制定時は「女子」の文言が用いられていた）を，年少者と並んで特別の保護対象としていた。しかし，このように女性を男性と切り離して保護対象としていたことから，今度は逆に男性にとっては差別になるのではないかという懸念が生じることになった。

　このことから，先にみたように，労基法３条の差別禁止規定では，文言上，差別禁止の理由から「性別」を外している。しかし，労基法４条において「使用者は，労働者が

女性であることを理由として，賃金について，男性と差別的取扱いをしてはならない」と規定され，賃金については特別に性別による差別の禁止を定めている。

その後，賃金についてのみならず，雇用の平等強化の方向に進みつつ，他方では，産後の休業期間の延長などのいわゆる母性保護を強化することになった。

特に雇用平等の側面では，1985年に雇用機会均等法が制定され，同法により，雇用における男女の待遇の均等の促進などが目的とされた。この法律では性別による差別の禁止や平等な扱いを求める内容とは必ずしもなっておらず，したがって，特に女性労働者の地位向上を目的として制定されたものであると捉えられる。さらにこのことからすれば，法の解釈の問題として，女性を有利に扱うことは許されることになる。

このように，1985年に制定された雇用機会均等法は，男女の平等，均等な扱いを目的とするというよりは，女性を優遇する側面が強調されるように考えられ，その意味では，片面的であると位置づけられることになる。

雇用機会均等法はその後，1997年に改正（施行は1999年4月）され，努力義務にとどまっていた，募集・採用が強行規定となり，配置・昇進についても禁止規定とされるなどとなった。しかしここでも，あくまでも女性に対する差別の禁止が強化されたものであり，必ずしも性別に基づく差別の禁止を主な目的とするものではなかった。

このようなことから同法は2006年にさらに改正された。この改正では，先の問題点を踏まえて，女性に対する差別を禁止する趣旨から，性別に関わりなく差別を禁止する趣旨へと変えられた。また，この点に加え，禁止される差別の対象について，降格や雇用形態の変更，労働契約の更新などが追加された。

同法5条は「事業主は，労働者の募集及び採用について，その性別にかかわりなく均等な機会を与えなければならない」とし，6条で「事業主は，次に掲げる事項について，労働者の性別を理由として，差別的取り扱いをしてはならない。」とし，1～4号で労働者の配置，昇進，階級及び教育訓練，住宅資金の貸付け等，職種，雇用形態の変更，退職の勧奨，定年，解雇，労働契約の更新を挙げている。このように差別の禁止が，募集及び採用については5条，採用後については6条という形で分けて規定されていることが特

徴となっている。

　このように改正された雇用機会均等法は，性別による差別禁止法として位置づけられるに至った。しかし，女性については本質的にありうる特有の差別的状況が想定されるため，9条の規定が設けられた。9条は，1項で「事業主は，女性労働者が婚姻し，妊娠し，または出産したことを退職理由として予定する定めをしてはならない」とし，婚姻や妊娠，出産を理由とした不利益な扱いを禁止しており，2項〜4項において，女性労働者が婚姻をしたことを理由として解雇してはならないことや妊娠中または出産後1年を経過しない女性労働者を解雇したり不利益な扱いをしたりすることなどを禁止している。

　以上のように性別による差別禁止の法制度は変遷し，性別による差別を実態的になくしていく方向へと進んでいることが確認できる。その上で次に，本節の冒頭でも少し確認したが，性別による賃金の差別の禁止に関する法制度をもう少し詳しくみておこう。

❷ 性別による賃金差別の禁止

　先にみたように労基法4条は，女性であることを理由とした賃金の差別を禁ずる規定となっている。

　賃金差別の典型的な例としては，第一に性別によって異なる賃金体系を設けることや，賞与・一時金の支給・昇給率について男女で異なる基準を設けることなどが考えられる。第二は，賃金支給の基準自体に性別による差別は存在しないが，実際の運用の段階で差別にあたるような場合や，中立な基準を見せかけのように示しておきながら，その内実が差別的であるような場合が考えられる。以下では，それぞれについて個別に事例を中心に確認していくことにする。

（1）賃金体系などでの異なる基準

　裁判例においても，秋田相互銀行事件（秋田地判昭50.4.10）で，男女の賃金格差の違法性は明らかであるとされ，内山工業事件（岡山地判平13.5.23）では，以前用いられ

ていた男女別の賃金表が引き継がれていることが違法であるとされた。また，日本鉄鋼連盟事件（東京地判昭61.12.4）では，協定により，基本給の上昇率などで男女差を設けることについて，男女を差別したものであり違法であるとした。

これらの事件では，男女に異なる基準を設ける場合には，そのことの合理性が立証できない限り，違法な差別とされることが示されている。なお，仮に賃金体系が男女で同一であったとしても，人事査定などで性別による差が生じるような場合にも同様の差別の問題とされることになる。

（2）運用における差別

賃金等の基準自体が性別に対して中立であるとしても，その運用が性別の差別にあたる可能性があるかどうかという点については，具体的には世帯主条項が問題となる。世帯主条項は，住民票上の世帯主の家族扶養手当を支給するものである。

岩手銀行事件（仙台高判平4.1.10）では，家族手当を支給する対象として「夫たる行員」とする世帯主条項について，違法であるとされた。他方で，日産自動車事件（東京地判平元1.26）では，世帯主について，共働き夫婦の夫か妻のいずれか高収入な方としていたものについては，必ずしも不合理ではないものとされた。ただし，訴訟手続上は，控訴審において，会社側が結果的に性別や世帯主，収入に関係なく，税法上の扶養家族を家族手当の支給対象とすることで和解した。したがって，実質的には原告の主張が認められたことになる。

4　セクシャルハラスメント

本章では，職場における差別の禁止についてみてきたが，差別に関連する重要な問題として，いわゆるセクシャルハラスメントが挙げられる。そこで，最後にこの問題について，問題の本質やその防止，対処等に関する法的規制について概観しておこう。

セクシャルハラスメントとは，相手の意に反する性的言動によって，働く上で不利益を

被ったり，性的な言動によって就業環境が妨害されたりすることをいう。職場におけるセクシャルハラスメントは，大きく2種に分けられる。第一に，職場での女性労働者の意に反する性的な発言や行動に対する労働者の対応により，女性労働者が解雇・降格減給などの不利益を被ることになる「対価型」である。第二に，第一のような発言，行動により，女性労働者の就業環境が不快なものとなったため，能力の発揮などにおいて重大な影響が生じるなどの支障が生じることを意味する「環境型」である。

　セクシャルハラスメントが裁判において問題とされた我が国初の事件は，福岡Q企画出版社事件（福岡地判平4.16）であった。この事件の概要をみてみよう。

　原告は出版社の女性の編集者であったところ，有能であったため会社内外での評価が高かったが，それを疎んだ男性編集長が，原告はふしだらで水商売の方が向いているなどと言いふらすと共に，原告の異性関係のため取引先を失ったなどとして退職を勧めるに至った。そこで原告は，社長や専務に編集長によるこのような嫌がらせを止めてほしい旨相談したところ，編集長と職場においてうまくやっていけないようであるなら，任意退職すべきであると申し述べられ，結果的にこのことによって退職せざるを得なくなった。これに対して原告が，名誉毀損で訴えを提起したい旨，弁護士と相談したところ，多くの女性によって当該裁判を支援する会が結成されるなど社会的に影響力を持つ事件となった。

　福岡地方裁判所は，不法行為に基づく会社の使用者責任を認め，上司と連帯して慰謝料を支払うことを命じた。

　この事件は一般的には，上記の分類によれば，環境型であるとされている。しかし，本件は対価型の側面も有していると考える見解もある。このようにみると，セクシャルハラスメントは，上記のように分類されるが，両方の側面を有するような事例もあり得るといえよう。

　雇用機会均等法の制定当初は，セクシャルハラスメントの防止や対策などに関する規定が存在していなかった。しかし，先の事例などをきっかけとして，この問題が顕在化してきたことなどもあり，1997年の改正で，対価型，環境型の両方について，これらの防止に関して，事業主に配慮義務が科されることが規定された。

さらには，先にみたように 2006 年改正雇用機会均等法が，性別による差別の禁止法としての性格を有するに至ったことに関連して，その 11 条において，セクシャルハラスメントも性別に関係なく問題とされ一定の措置を講じることが義務化された。

　以上において職場での差別に対する法的規制を概観した。差別をなくし快適な職場環境を実現するためには，そのための助けにもなりうる法制度を理解しておくことが重要となる。

（ 引用・参考文献 ）

小畑史子・緒方桂子・竹内（奥野）寿（2019）『労働法　第3版』有斐閣
土田道夫・豊川義明・和田　肇編著（2019）『ウォッチング労働法　第4版』有斐閣
野川　忍・水町勇一郎編（2019）『実践・新しい雇用社会と法』有斐閣
浜村　彰・唐津　博・青野　覚・奥田香子（2023）『ベーシック労働法　第9版』有斐閣
早川智津子（2009）「外国人労働をめぐる法政策上の課題」日本労働研究雑誌 No.587
水町勇一郎（2021）『詳解　労働法　第2版』東京大学出版会

第 **3** 部

社会の中で自分を創る

第**11**章
学びと進路をつなぐインターンシップ

1　インターンシップを知る

　多くの大学生はインターンシップを自分の学びと将来の仕事をつなぐ接点として重要視している。しかし数時間のオンライン説明会や数ヶ月の実務を等しくインターンシップと案内している場合や，有給のアルバイトや採用選考のイベントをインターンシップとしている事例もある。大都市圏や地方という地域ごとの産業特性，文科系や理科系といった学問分野の違い，さらに企業の採用に影響を与えている社会の巨大な変化とともに，インターンシップの目的や位置付けも多様になっているのである。

　大学生にとって，インターンシップをキャリア開発に活かすことができる機会は増えたが，他方，どのようなインターンシップが自分にとって有効なのか，知識や判断基準がわかりにくくなっているとも言えるだろう。「理想のインターンシップはどこにもない」（寿山ほか，2009：62）といわれるように，「自分の主体性がないままにインターンシップに参加しても，成長できるとは限らない。

　本章ではインターンシップの概要を学ぶとともに，活用する上で見落としてならない点として，大学生の学びの重要性にも触れる。

① インターンシップの誕生

　インターンシップとは，一般的に「学生が在学中に将来のキャリアに関連した就業体験を行う産学協働の取組」とされる。広く「就業体験」として認識されている場合も多いだろう。また学生を採用する企業の観点では「学生が自社の理解を深めることで，雇用のミスマッチを防ぐしくみ」という理解も成り立つ。

　そもそもインターンシップは教育のしくみとして生まれた。1906 年のアメリカで，当時のシンシナティ大学と地元の工作機械メーカーの産学協働による工業教育がはじまりとされる。「学問と実際的な工業技術を兼ね備え，独創性，積極性，協調性が豊かな優秀な技術者を養成する Cooperation Educational Program（産学協同教育制度）」という教育プログラムだったのである。工場の中では様々な実地訓練が行われ，学生は自分が技術者として適しているかどうかを試す機会にもなったと同時に，実務で得た成果をもとに大学に戻り，さらに学業を探求する機会となっていた[1]。

　このような専門性に基づいた産学協働教育は学生が将来のキャリアに関連する仕事を実地で学ぶことを目的としており，日本でも理科系の学部におけるインターンシップは同様の位置付けと言える。いわゆる仕事に人をつける「ジョブ型雇用」に関連するインターンシップといえる。

　一方で学生の専門性を問わないインターンシップも多く実施されている。特に日本では高度成長期より終身雇用を前提とする新卒一括採用が多数行われていたこともあり，企業の採用基準として学生の専門性や学業成績よりも人柄や将来性を重視する場合も多く，インターンシップの位置付けも就業意識を醸成するに留める傾向があるといえるだろう。これは人に仕事をつける「メンバーシップ型雇用」に関連したインターンシップといえる。

② インターンシップの意義

　インターンシップは多様な意義があるため,学生は整理して考えることが必要といえる。文科省・厚労省・経産省が2022年に改正した「インターンシップを始めとする学生のキャリア形成支援に係る取組の推進に当たっての基本的考え方」においては,インターンシップの望ましいあり方について「キャリア形成支援に係る取組み」であり就職・採用活動そのものではないと定義した。また「インターンシップと称して就職・採用活動開始時期前に就職・採用活動そのものが行われることにより,産学協働による取組全体に対する信頼性を失わせるようなことにならないよう,関わる者それぞれが留意することが,今後のそれらの取組の推進に当たって重要」と述べるとともに,大学が学生と企業のマッチングの機会を提供する必要性も指摘している。それらの報告より,大学や企業にとってインターンシップの意義を以下に要約するとともに図表11－1に記した[2]。

大学等及び学生にとっての意義

（a）キャリア教育・専門教育として,学生のキャリア形成を支援する。

（b）アカデミックな教育研究と社会の実地体験を結びつけることで,大学の教育内容の改善,充実を行う。また学生の学習意欲を高める。

（c）学生の主体的な職業選択や高い職業意識を育成する。また就職後の職場への適応力や定着率の向上に役立てる。

（d）実務経験により,課題解決・探究能力,実行力といった「社会人基礎力」や「基礎的・汎用的能力」などを高め,自主的に考え行動できる人材を育成する。またSociety5.0 for SDGs に向けたイノベーションの担い手となる独創性と未知の分野に挑戦する意欲を持った人材の育成にも資する。

企業にとっての意義

（e）実社会への適応能力の高い,実践的な人材を育成する。

（f）大学等との連携により，産業界等のニーズを伝えることで大学等の教育に反映させる。

（g）企業等の実態について学生の理解を促し，魅力発信の機会とし，就業希望を促進する。また学生の視点を活かすような企業活動の活性化に繋げる。

（h）学生の仕事に対する能力を適正に評価することにより，採用選考時の評価材料を得る。

インターンシップとは大学におけるキャリア教育面と，企業等における採用や自社の活性化の面において複数の意義や効果があることがわかる。インターンシップの内容を理解した上で学生自らが目的を明確にすることで，より高い学修成果が期待できるといえるだろう。

図表11－1　インターンシップの多様な目的

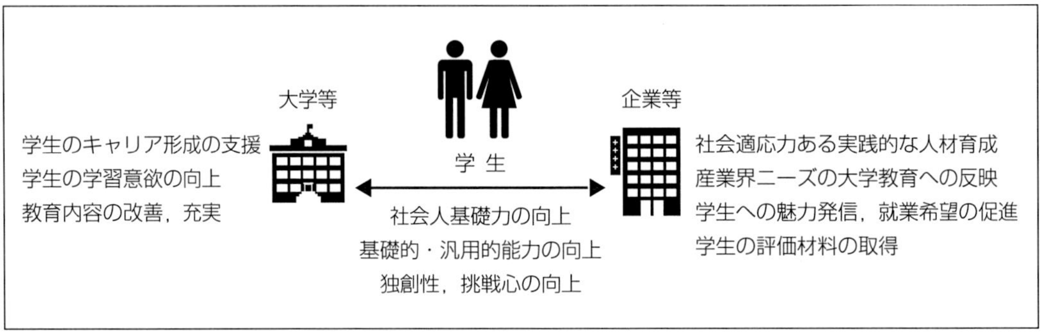

大学等

学生

企業等

学生のキャリア形成の支援
学生の学習意欲の向上
教育内容の改善，充実

社会人基礎力の向上
基礎的・汎用的能力の向上
独創性，挑戦心の向上

社会適応力ある実践的な人材育成
産業界ニーズの大学教育への反映
学生への魅力発信，就業希望の促進
学生の評価材料の取得

出所：著者作成

③ インターンシップの類型

インターンシップの意義を踏まえて，2022年4月，一般社団法人日本経済団体連合会と大学関係団体等の代表者により構成される「採用と大学教育の未来に関する産学協議会」はインターンシップをはじめとする学生のキャリア形成支援に係る産学協働の取組みを以下の4つに分類している（図表11－2）[2] [3]。

図表11−2　学生のキャリア形成支援における産学協同の取組み

類　型	学生の主たる目的	大学, 企業の目的	実施時期, 期間	就業体験	主な特徴
タイプ1 オープン・カンパニー	企業・業界・仕事を具体的に知る	企業・業界・仕事への理解促進	年次問わず短期（単日）	な　し	・企業, 就職情報会社, 大学キャリアセンターなどが主催するイベントや説明会 ・採用活動と関連しない
タイプ2 キャリア教育	自らのキャリア（職業観・就業観）を考える	能力開発 キャリア教育	学部生の場合は主に低学年期間はプログラムごとに異なる	任　意	・企業がCSRとして行うプログラムや, 大学が主導する授業, 産学協働プログラム（正課・正課外を問わず） ・採用活動と関連しない
タイプ3 汎用的能力・専門活用型インターンシップ	その仕事に就く能力が自らに備わっているか見極める	マッチング精度の向上 採用選考を視野に入れた評価材料の取得	正課および博士課程の場合は年次問わず正課でない場合は学部3, 4年ないし修士1, 2年の長期休暇期間	必ず行う（テレワークを含む）	・企業単独, または大学が企業あるいは地域コンソーシアムと連携して実施する, 適性・汎用的能力, ないしは専門性を重視したプログラム ・汎用的能力活用型は短期（5日間以上）専門活用型は長期（2週間以上） ・職場の社員が学生を指導し, インターンシップ終了後にフィードバックを行う ・採用活動への関連は, 活動開始以降は可
タイプ4 高度専門型インターンシップ（試行）	自らの専門性を実践で活かし, 向上させる	ジョブ型採用を見据えた産学連携の大学院教育	大学院生向け	必ず行う	・博士課程向けのジョブ型研究インターンシップ（文部科学省, 経団連が共同で試行中） ・高度な専門性を重視した修士課程学生向けインターンシップは大学と企業が連携して実施 ・採用活動への関連は, 活動開始以降は可

出所：「インターンシップを始めとする学生のキャリア形成支援に係る取組の推進に当たっての基本的考え方」「産学協働による自律的なキャリア形成の推進」より筆者作成

タイプ1　オープン・カンパニー

タイプ2　キャリア教育

タイプ3　汎用的能力・専門活用型インターンシップタイプ

タイプ4　高度専門型インターンシップ（試行段階）

この中でタイプ３およびタイプ４をインターンシップとし、「学生がその仕事に就く能力が自らに備わっているかどうか、自らがその仕事で通用するかどうかを見極めることを目的に、自らの専攻を含む関心分野や将来のキャリアに関連した就業体験を行う活動」と表記した。またタイプ１およびタイプ２はこの定義ではインターンシップとは称しないが、教育的効果や学生のキャリア形成への効果が期待できるものもあるとして、その場合は授業に取り入れるなど大学等の教育課程の中に位置付ける必要性も示した。

　大学生が理解しておきたいのは、１，２年次に適した内容と、実際の就職活動を迎える３，４年次に適した内容が順次性を持っている点といえる。例えば３年次に産学協議会が定義するインターンシップ（タイプ３）に参加しようと考える場合、その就業体験を通して自らの能力を見極めるためには、２年次までに何らかの産学協働のプログラム参加や正課を履修して職業観や就業観を養っておくことが重要なのである。

④ インターンシップの実態

　学生と企業の認識について「就職白書2018－インターンシップ編－」就職みらい研究所[4]から実態を見てみよう。本調査は全国の新卒採用を実施している従業員規模５人以上の企業4,319社の調査に基づいた分析となっている。

　インターンシップの実施状況は68.1％（前年対比＋8.7ポイント）であり、年々増えている。企業がインターンシップを実施する目的について、図表11－３では「業界・仕事の理解を促す（89.0ポイント）」という回答が最も多く、過去５年間においても常に重要視されている。しかし「採用を意識して学生のスキルを見極める（39.4ポイント）」「従来の採用とは異なるタイプを見出す（39.4ポイント）」という意見が年々増え続けて40％を超えた一方で、「社会貢献としての就業体験（49.5ポイント）」を提供しているとした意見が大きく減り続けている実態は注目する必要がある。インターンシップを人材確保の方法として考える企業は増えている。

　一方でインターンシップに参加した学生を対象とした調査からは、学生も就職活動とし

図表11－3　インターンシップの実施目的（企業）

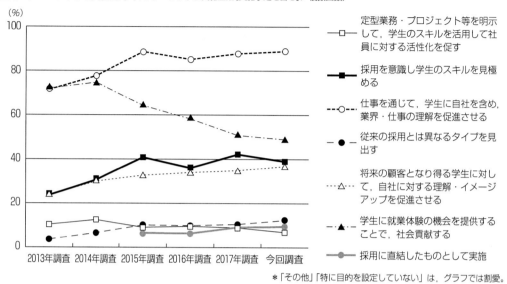

■インターンシップの実施目的（インターンシップ実施企業［実施予定を含む］／複数回数）

＊「その他」「特に目的を設定していない」は，グラフでは割愛。

出所：就職みらい研究所　株式会社リクルートキャリア『就職白書2018―インターンシップ編―』

て考えていることが読み取れる。図表11－4は内定者のインターンシップ参加状況と参加企業への入社状況を示している。この場合も多くの企業が「採用目的として実施している（25.6％）」「採用目的ではないが，結果として内定した学生の中にはインターンシップ参加者がいる（47.5％）」としており，合わせた73.6％の企業が，人材獲得に関連づけてしてインターンシップを実施していたことが推察できる。

　インターンシップ参加学生も同様に「インターンシップ参加企業への入社」「同業の企業への入社」の気持ちは50％を超えている。インターンシップは企業にとっての採用活動，学生にとっての就職活動として，双方の期待が一致しているのが実態であろう。

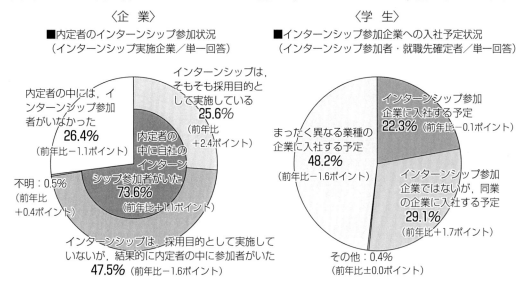

図表11－4　内定者のインターンシップ参加状況，インターンシップ参加企業への入社状況

〈企　業〉
■内定者のインターンシップ参加状況
（インターンシップ実施企業／単一回答）

〈学　生〉
■インターンシップ参加企業への入社予定状況
（インターンシップ参加者・就職先確定者／単一回答）

出所：就職みらい研究所　株式会社リクルートキャリア『就職白書2018─インターンシップ
編─』

⑤　インターンシップの期間と成果

　インターンシップと教育効果との関連性を考えてみたい。

　先述した就職白書2018─インターンシップ編─」によると，企業も学生も1dayの
説明会等の開催・参加が増えていることに反比例して，「3日以上1週間未満」「1週間以
上2週間未満」の実施は減り続けている。一般的に大学がインターンシップを正規の教
育課程として授業科目とする場合は，5日間程度の現場実習に加えて，実習前の産業理解
と実習後の振り返りや報告の内容を含めることが必要とされている。このように，学生が
業務を学び，その企業活動について理解できるには一定の時間が必要である。

　厚生労働省の「インターンシップ推進のための調査研究委員会報告書」5)によると，実
際に「約7割の大学，約6割の企業が，高い実習効果を得るためには「1ヵ月以上の期
間が必要」と回答している。しかし長期インターンシップは企業にとって学生の指導や課
題の運営にコストが必要であり，また日本の大学の学期制度が対応していないことが課題

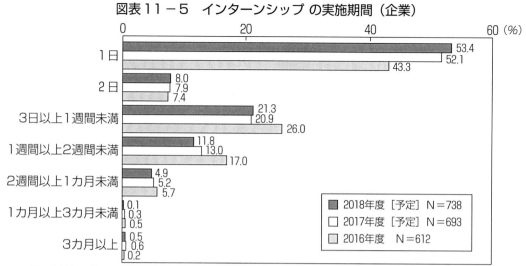

図表11−5　インターンシップ の実施期間（企業）

	2018年度［予定］N＝738	2017年度［予定］N＝693	2016年度　N＝612
1日	53.4	52.1	43.3
2日	8.0	7.9	7.4
3日以上1週間未満	21.3	20.9	26.0
1週間以上2週間未満	11.8	13.0	17.0
2週間以上1カ月未満	4.9	5.2	5.7
1カ月以上3カ月未満	0.1	0.3	0.5
3カ月以上	0.5	0.6	0.2

※データは無回答サンプルを除いて集計
※従業員規模，業種，地域の不明・無回答企業があるため，規模別，業種別，地域別の計と全体は一致しない

出所：就職みらい研究所　株式会社リクルートキャリア『就職白書2018—インターンシップ編—』

となり，実施しているのは0.5％に過ぎない。

　多様化に伴い会社説明型の短期インターンシップが増加した傾向は業界理解やさまざまな職場を体験できるというキャリア教育の点では効果的だが，専門教育や職業教育の観点では課題が多いと考えられる。

2　インターンシップを活用するための学修の重要性

　ジョブ型への変化を捉える中で，学生に対して専門的な学修成果を求めるインターンシップも少なくないことを考える必要があるだろう。インターンシップの多くは「汎用的能力」を重視することから，民間のWebサイトによる一般公募や大学の正課の履修により参加申し込みが可能である。しかし「専門活用型」インターンシップの場合は事前の選考を行う場合もあり，Web面接や大学の成績，所属するゼミの研究内容が問われることが珍しくない。さらに中長期インターンシップや，大学等での授業と企業等での就業体験を一体化したコーオプ教育プログラム，企業等の内部に勤務して実務を担当する有給インタ

ーンシップなどの場合，専門分野に関する知識理解や実践に応用できる基本的な技能の習得が重要になる。

ISFJ 政策フォーラムにおいて横山らは「大学生の教育問題」に言及し，1 週間あたりの学習時間が平均 4.6 時間と短いこと，また予習・復習をしている学生が約 3 割であるなどの調査結果から，大学で学ぶ専門知識を理解することが困難ではないかとの懸念を指摘している[1]。

働く一人ひとりに対して「何ができるか」という専門能力を問うようになりつつある雇用環境の中で，大学生はインターンシップを単なる就労体験や就職活動の一部と捉えることなく，自分自身の就業能力を確かめる実践的な機会とするために，学科や専攻における日々の学修にしっかりと向き合うことこそが，最も重要である。

【注】

1）ISFJ 政策フォーラム「新卒労働市場の改善」(2014)
（http://www.isfj.net/articles/2014/労働②/新卒労働市場の改善.pdf）
2）文部科学省・厚生労働省・経済産業省「インターンシップを始めとする学生のキャリア形成支援に係る取組の推進に当たっての基本的考え方」(2022)
（https://www.mext.go.jp/a_menu/koutou/sangaku2/20220610-mxt_ope01_01.pdf）
3）採用と大学教育の未来に関する産学協議会「産学協働による自律的なキャリア形成の推進」2021 年度報告書
（https://www.sangakukyogikai.org/_files/ugd/4b2861_5a793f7f7ec243598da50a98d45771ab.pdf）
4）就職白書 2018 ―インターンシップ編―
（https://www.recruitcareer.co.jp/news/20180215_02.pdf）
5）厚生労働省「インターンシップ推進のための調査研究委員会報告書」(2005)
（https://www.mhlw.go.jp/houdou/2005/03/h0318-1.html）

引用・参考文献

大内孝子（2015）『ハッカソンの作り方』ビー・エヌ・エヌ新社
寿山泰二ほか（2009）『大学生のためのキャリアガイドブック』北大路書房
常見陽平（2015）『就活と日本社会　平等幻想を超えて』NHK 出版

第 12 章
自分を創り続けるための リカレント教育

1 職業人が学ぶ時代

　本章は雇用の流動化や人生100年時代などの社会変化を背景にした，社会人の学習機会の重要性とその内容について述べる。

　現代の大学生にとって，転職を視野にいれた自分のキャリア設計は当たり前になっているだろう。100年ライフを生きる学生たちはこれまでの教育・仕事・老後という3ステージではなく，自己の探索や教育，起業など多様な生き方や働き方を何度も組み合わせるマルチステージの人生を送るとされる。実際に今の日本でも最初は正規雇用で仕事に就き，一度も退職することなく「終身雇用」の道を歩んでいる男性（退職回数0回）は，30代後半で42％，40代で38％，50代前半で36％に過ぎないとする調査結果もある（図表12－1）。

　また企業等の正社員で働くだけではなく，副業やフリーランスにより自己実現を模索する考えもめずらしくない。こうした就労の変化はデジタル化を基盤とした産業の革新とともに始まっており，日本は先進国に比べてその歩みが遅れていたが，国の政策の後押しもあり改革は始まっている。

　見落としてはならないのが，技術革新の急速な進展に伴って学生が大学で学んだ内容が古いものとなり，人工知能（AI）やビッグデータ，ロボットなどが普及する第4次産業革命の中でのキャリア形成には役に立たない場合があることだろう。「デジタルディスプラ

図表12－1　年齢階級別の転職割合

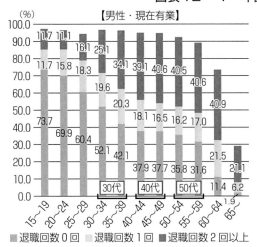

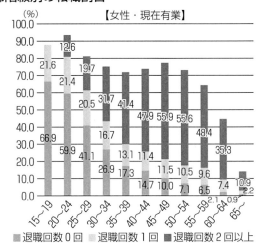

出所：内閣官房人生100年時代構想推進室

クションの時代には，大学などで必要な知識や技術を身につけても一生保証されるということはない。大学の先生も含めて一生学び続けなければ，失業のリスクが高まるという危機感を持つことが重要」（大前，2019：37）と言われるように，今日のデジタル技術によるイノベーションは，既存の産業に破壊的な変革をもたらしており，GAFAに代表されるような企業は「デジタルディスプラクター（創造的な破壊者）」と称されるほど，多くの産業や仕事が消失したり，新たに生まれたりしている。

　総務省が日本，アメリカ，ドイツ，イギリスの有職者から得たアンケートでは，AIによる自動化が望まれる業務について，マニュアル化できる定型の業務である一般事務や手作業の生産作業が上がっている。反面，パターン化されず個人の判断や思考力が必要な非定形業務は比較的望まれていない（図表12－2）。

　AIの導入などに代表される変化の中で，機械化の可能性が高い仕事はなくなる一方で，AIを導入した仕事や新しく生まれる職業も多いとされる。このように急速に進む雇用の流動化と技術革新を背景に，100年人生を生きていく若者たちは，大学で学びを終えることなく，卒業後も絶えず新しい学びを繰り返すことにより，職業人能力のアップデートやスキルの獲得が不可欠であるといえる。

図表12-2　人工知能導入によって自動化して欲しいと思う業務（有職者）

単位（％）

		日本 （n＝684）	アメリカ （n＝565）	ドイツ （n＝678）	イギリス （n＝651）
定型業務	定型的な一般事務（例：伝票入力，請求書等の定型文書作成）	40.1	32.0	37.8	27.0
	定型的な会計事務（例：経費申請のチェック，計算）	34.8	31.0	30.5	28.1
	簡単な手作業の生産工程（例：単純加工，単純組立）	29.7	31.0	32.0	31.2
	受付業務	22.2	14.5	14.2	16.3
	顧客や外部からの問い合わせ対応	18.1	13.9	20.4	16.3
	その他の定型業務	9.4	11.2	18.6	8.3
非定型業務	定型業務以外の事務作業（例：顧客別の営業資料作成）	9.4	20.8	11.1	15.4
	複雑な手作業の生産工程（例：カスタマイズされた製品の加工）	8.9	12.9	14.7	14.6
	営業	4.5	10.9	13.7	10.9
	研究・分析・設計	16.1	21.5	18.1	17.7
	販売・サービス提供	8.8	11.6	13.9	9.8
	コンサルティング	5.7	8.9	6.5	6.1
	その他の非定型作業	2.9	9.6	9.3	7.8
特になし		32.6	25.7	23.6	26.6

※他国の回答と合わせるため，日本の回答は70代の人の回答を除いた。
※有職者に限定して集計した。

出所：総務省「ICTによるインクルージョンの実現に関する調査研究」（2018）

2　リカレント教育のはじまり

　現在，リカレント教育は世界的に注目されている。リカレント（recurrent）とは反復や循環，回帰を意味し，リカレント教育は，生涯にわたって教育と就労のサイクルを繰りかえす教育のしくみを示すものだ。1969年にヨーロッパ文部大臣会議においてスウェーデンのパルメ文部大臣が唱えたとされ，1970年代にOECD（経済協力開発機構）において教育政策として普及した。当時から教育を人生の初期に集中させるのではなく，生涯にわたって学習を労働や余暇など他の活動と交互に行うことによって，社会変化に伴う新しい知識や技術の習得の実現が期待されていたのである[3]。

　欧米では，フルタイムによる学校での学習とフルタイムでの就職を繰り返す人生設計が実現しやすいとされる。日本のような新卒一括採用や終身雇用の習慣がなく，労働市場の流動性が高い。そのためキャリアアップのために，職業人が高等教育機関で長期間にわた

って正規の学生として学習しなおすライフスタイルが珍しくないのである。一方，日本で
は長期雇用の慣行が続き，フルタイムでの学習が難しいことからリカレント教育を幅広く
捉え，「働きながら学ぶ」「心の豊かさや生きがいのために学ぶ」「学校以外の場で学ぶ」
の3つを提唱した[4]。

　その結果として，大学等で開かれる社会人対象のリカレント教育の中には「生涯学習講
座」のように，趣味やスポーツ，ボランティアなど職業には直結しない学習機会も含まれ
ることとなっている。本来のリカレント教育は「職業人を対象とした職業志向の高等教育」
であり，生涯学習とは分けて捉える必要がある。

3　リカレント教育の効果

　職業人としての経験を経てから仕事に直結した知識や技術を学ぶことは，本人とその人
を雇用している企業等の双方にとって有益とされる。

　学ぶ本人にとっては，学習効果による成長が仕事に直結する効果がある。短期的には
日々の仕事での生産性を上げることや，学びを通した知的な刺激や新しい人脈を得ること
がモチベーションアップとなる。中期的にはスキルアップにより高度で専門的な分野への
キャリアアップが期待できるだろう。また目には見えない態度の変化だが，これまでの企
業内の経験だけでは発想できなかった多様で革新的な視座を手にすることにもつながると
いえる。

　図表12－3は，AIによって業務が大きく変わる中で学び直しや職業訓練が必要にな
るかどうかを尋ねた調査結果である。特に20代や30代は「必要になる可能性は極めて
高い」，「必要になる可能性が高い」という回答が多く，50％以上の人が学び直しの必要
性を感じていることは注目すべきだ。

　厚生労働省は学び直し・自己啓発を行った社会人の効果について調査を行っている。学
歴や年収，就業形態などの属性が近い30歳以上の男女を対象に，自己啓発を行った人，
行わなかった人を対比させ，1～3年後の違いを分析したものだ（図表12－4）。年収変

図表12－3　学び直しや職業訓練の必要性（日本，年代別比較）

	必要になる可能性は極めて高い	必要になる可能性が高い	必要になる可能性は低い	必要になる可能性は極めて低い	わからない
全体	9.7	22.7	18.2	22.2	27.3
男性 20〜29歳	21.0	33.0	14.0	11.0	21.0
男性 30〜39歳	18.0	34.0	14.0	12.0	22.0
男性 40〜49歳	15.0	21.0	23.0	10.0	31.0
男性 50〜59歳	5.0	16.0	26.0	22.0	31.0
男性 60〜69歳	10.0	13.0	21.0	32.0	24.0
男性 70〜79歳	6.0	9.0	19.0	45.0	21.0
女性 20〜29歳	11.0	44.0	12.0	5.0	28.0
女性 30〜39歳	9.0	44.0	14.0	6.0	27.0
女性 40〜49歳	10.0	22.0	15.0	9.0	44.0
女性 50〜59歳	4.0	16.0	23.0	21.0	36.0
女性 60〜69歳	4.0	10.0	23.0	38.0	25.0
女性 70〜79歳	3.0	10.0	14.0	55.0	18.0

出所：総務省「第4章　ICTによるインクルージョンの実現に関する調査研究」（2018）

図表12－4　自己啓発が年収と就業確率，専門性の高い職業に就く確率に与える影響

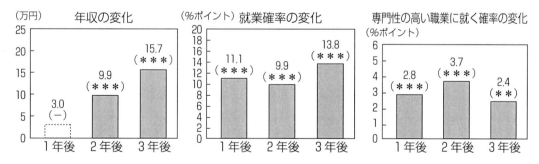

出所：厚生労働省　人生100年時代構想会議

化の差額では1年後では差はみられないものの，2年後に約10万円，3年後には約16万円の違いが生じている。自己啓発・学び直しは年収としても効果が現れると考えられる。

　また就業確率については，働いていない人が学び直しをすると，就職できる確率が3年間の間で10〜14ポイント程度増加している。年収の場合と異なり1年後から明らか

な優位性が見られるため，就業していない人は自己啓発を行うことで仕事に就ける可能性が高い。さらに，技術革新に伴い必要とされる非定形業務につく確率も２〜４ポイント前後高くなる。現在の仕事がパターン化された定型の業務の人も，学び直すことで個人の判断や思考力が必要な専門性が高い仕事につける可能性が上がるのである。

　一方で雇用している企業等にもメリットがある。これまではメンバーシップ型雇用の特徴として，仕事に必要な能力開発は企業等が社内研修や社員教育として行ってきた。しかし急速な技術の進歩や職業観が変化する現代では，自社だけの教育では限界がある。働く本人が年齢にとらわれずに学び直しを行い，自ら主体的にキャリアを形作ることは，雇用側に常に新しい知識や技術をもたらすことが期待できる。

4　リカレント教育の内容と実施の機会

　リカレント教育で学ぶ内容は多岐にわたるが，仕事と直結する例として，経営学・法律・会計といった「ビジネス系科目」，英語などの「外国語」，MBA・社会保険労務士といった「資格取得系科目」，「ITリテラシー」，「内部監査」などがある。また，観光や農業など「地域に特化した科目」や，介護・福祉といった「社会的需要の高い科目」も学ぶことができる（d's JOURNAL編集部，2019）。

　リカレント教育を受講する場として，職業人の多くが民間の教育訓練機関を利用しており，大学を活用しているのは２割程度というデータがある。多くの大学は社会人特別選抜制度，夜間部・昼夜開講制度，科目等履修生制度，通信教育，公開講座などを設けており，学士・修士・博士等の学位課程のみならず，１年程度の履修証明を行う事例も見受けられるものの，利用率は少ない。

　一方，民間では最新知識や人脈を得るための単発のセミナーから専門的なスキルを得るための１年程度の連続講座まで数多くのリカレント教育の場を開発しており，社会人は多様なプログラムを利用していることが図表12−5よりわかるだろう。

　経済産業省の「人生100年時代の社会人基礎力とリカレント教育」（経済産業省，2018）

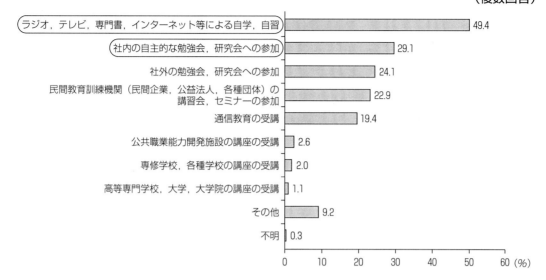

図表12－5　学び直しを行った労働者（正社員）の割合およびその実施方法の内訳
（複数回答）

出所：総務省「第4章　ICTによるインクルージョンの実現に関する調査研究」（2018）

においては，次のような事例を紹介している。

・オンラインでの生放送講座（株式会社Schoo）

　時間がない社会人でも気軽に学ぶことができる講座をオンライン動画で提供する。社会人基礎力を高めるワークショップ形式のコンテンツも設定する。

・短期間プログラム（博報堂生活者アカデミー）

　イノベーション創発が求められる社会人を対象に，発想力や創造性を高める習慣開発のトレーニングを1日から5日間のプログラムで開講する。

・他社留学プログラム（株式会社エッセンス）

　幹部候補の社員を対象に，ベンチャー企業に通って働くプログラム。3ヶ月から1年間，未知の経験を積むことによる自己成長が期待される。

・キャリア自律のための専門プログラム（リクルートマネジメントスクール）

　社会人を対象に，ロジカルシンキングなどの選択プログラムや，組織や自分の役割転換を学ぶ多様な内容を設定している。

5　リカレント教育の課題

　日本において，働く若者と企業の双方がリカレント教育の必要性を理解しているにもかかわらず，フルタイムに学び直しをしている人の割合は低い。大学等の高等教育機関への25歳以上の入学者をヨーロッパ諸国と比較すると，スウェーデンが25.8％，ドイツ14.8％，イギリス14.6％，OECDの平均が16.6％であるが，日本は2.5％と大きな違いがあり，最も低い水準である（内閣官房人生100年時代構想推進室，2018）。厚生労働省による調査では，78.4％の正社員が学び直しに問題を抱えていると回答し，中でも「仕事が忙しくて学び直しの余裕がない（59.3％）」「費用がかかりすぎる（29.7％）」が大きな要因としている。

　人生100年時代を見据えてリカレント教育を進めるには国や大学などの教育機関，企業等の取り組みが必要である。文部科学省はさまざまな取り組みを始め，大学等に受講者

図表12－6　学び直しを行った労働者（正社員）の割合およびその実施方法の内訳
（複数回答）

項目	割合(%)
仕事が忙しくて学び直しの余裕がない	59.3
費用がかかりすぎる	29.7
家事・育児が忙しくて学び直しの余裕がない	21.8
どのようなコースが自分の目指すキャリアに適切なのかわからない	20.4
自分の目指すべきキャリアがわからない	17.7
学び直しの結果が社内で評価されない	16.9
適当な教育訓練機関が見つからない	16.5
休暇取得・早退等が会社の都合でできない	12.8
コース受講や資格取得の効果が定かでない	11.7
コース等の情報が得にくい	11.3
その他	5.2

出所：リカレント教育参考資料　内閣官房人生100年時代構想推進室

や企業等のニーズを踏まえたプログラムの開発例を次のように示している。

・短期プログラム：数ヶ月程度で業務に必要な知識，技術および技能を習得できる講座
・履修証明プログラム：およそ１年程度で業務に必要な知識，技術および技能を体系的に
　　　　　　　　　　習得する内容
・学位（修士・博士）課程：基礎から応用までの体系的なプログラム

　これら３つの間につながりを作ることで，社会人学生は短期プログラムの成果や課題を履修証明プログラムに活かすことができ，さらに履修証明プログラムを学位取得につなげることができるというものだ。そのためには，大学は企業等と密接に協力し，専門的な人材育成のニーズに合わせたプログラムを開発し，企業等は労働者が大学に通いやすい勤務形態を整える必要があるとした。人生 100 年時代のキャリアを作るためには，企業だけでなく，大学にも大きな改革が欠かせないのである。

6　さまざまな支援制度

　リカレント教育の障害になっている費用について，社会人と企業等の双方を国が支援している。こうした制度の充実は，高度なスキルを持つ人材を育成する重要性を表すものとして理解しておきたい。

・厚生労働省　教育訓練給付制度
　社会人がスキルアップや中長期的なキャリア形成を支援するために教育訓練受講に支払った費用の一部を支給するもので，講座受講料の20％から最大70％の費用が補助される。対象として「情報関係：第４次産業革命スキル習得講座など」，「医療・社会福祉関係：介護福祉士など」，「専門的サービス関係：キャリアコンサルタントなど」のほか，「大学等の職業実践専門講座課程」など厚生労働大臣が指定した約１万４千講座が示されている[5]。

・厚生労働省　人材開発支援助成金

　企業が社員のリカレント教育を支援する目的で，社員の休暇制度を新たに設定した場合に利用できる助成制度である。企業は3年間に5日以上の教育訓練休暇（有給）を導入する場合に30万円程度の助成を受けることができる。また長期教育訓練休暇制度として，1年の間に120日以上の休暇を設ける場合は20万円程度の助成に加えて，社員本人は1日あたり6,000円程度の賃金を受けることができる。

　いずれも，先進的な諸国と比較して導入が進まないリカレント教育を，日本の現状にあった観点でアップデートしていく試みといえるだろう[6]。

7　社会人が学ぶ高等教育機関，大学院大学とMOOC

　本章の最後に，多様な高等教育のあり方を紹介しよう。

　社会人枠を設けている大学院に加えて，学部を持たず大学院のみとして開設されている大学院大学と専門職大学院がある。一般的に大学院大学は社会で役立つ特定の専門スキルを持ったスペシャリスト養成を目的としており，例えば，企業経営の専門家を育てる経営大学院，会計分野におけるスペシャリストを育成する会計大学院などがあり，一方の専門職大学院は，研究よりも実務家の養成に重点を置いている点が特徴である。

　国公立の大学院大学は博士課程の理科系が多く，情報科学やバイオサイエンスなどの先端を研究しているが，私立の大学院大学は国際関係学や音楽の修士課程，事業構想，情報セキュリティ，ファッションビジネス，経営学などの専門職学位など幅広い分野があることが特徴である[7]。

　また現代はEdtech（Education＋Technology：エドテック）と言われるデジタル技術を活用した新しい学びのイノベーションが次々に生まれている。「人生100年時代を生き抜くには，学歴ではなく学習歴を尊重する社会へ」（佐藤，2018：31）という考えに象徴されるように，通信制の高等教育が次々に生まれており，その代表がMOOC

(Massive Open Online Course) とされる。

　2012年にアメリカで誕生したMOOCはインターネット環境を利用して誰もが無料で利用できる大規模オンライン講座であり，世界では一気に普及し，「教育の民主化革命」と言われた。現在，世界のMOOC学習者人口は8,000万人以上と言われる。ハーバード大学や東京大学など世界有数の大学が講座を提供している[8]。

　日本では，2014年に「JMOOC（一般社団法人日本オープンオンライン教育推進協議会）」[9] が開設されて100万人以上が利用しているとされるが，世界と比較して認知度は低いと言われている。

　講座は1週間を基本単位として，総合課題に合格することでデジタル修了証書が発行されるほか，受講者同士の学習会（ミートアップ）や対面授業のようなオンラインならではの仕組みも導入されている。提供機関や内容によって以下の3つに分類される。

カテゴリーⅠ：大学が提供する大学通常講義相当の講義
カテゴリーⅡ：専門学校・高等専門学校が提供する講座，公的研究機関推薦講座，学会推薦講座など
カテゴリーⅢ：大学が提供する特別講義および公開講座相当の講座，企業等が提供する講座など

　講座内容は多岐にわたり，アート＆デザイン，人文科学（心理，歴史），社会科学（経済，コミュニケーション）などが開講され，キャリアの構築としての有効性が期待できる。

【注】

1）内閣府　第6回人生100年時代構想会議　リカレント教育参考資料
（https://www.mext.go.jp/b_menu/shingi/chousa/koutou/089/gijiroku/__icsFiles/afieldfile/2018/04/24/1403765_8.pdf）
2）総務省「第4章　ICTによるインクルージョンの実現に関する調査研究」（2018）
（https://www.soumu.go.jp/johotsusintokei/whitepaper/ja/h30/html/nd145120.html）
3）文部科学省「OECDのリカレント教育」
（https://www.mext.go.jp/b_menu/hakusho/html/hpad198801/hpad198801_2_013.

html)

4）文部科学省「生涯学習時代に向けた大学改革」
（https://www.mext.go.jp/b_menu/hakusho/html/hpad199501/hpad199501_2_093.
html#k173.1）

5）厚生労働省　教育訓練給付制度
https://www.mhlw.go.jp/stf/seisakunitsuite/bunya/koyou_roudou/jinzaikaihatsu/kyoui
ku.html

6）厚生労働省　人材開発支援助成金
https://www.mhlw.go.jp/content/11600000/000500312.pdf

7）文部科学省　大学院大学の設置状況
（https://www.mext.go.jp/b_menu/shingi/chukyo/chukyo0/toushin/attach/1335437.
html）

8）MOOCとは　Lightworks blog　人と組織を強くするメディア　2019. 5.12
（https://lightworks-blog.com/mooc）

9）一般社団法人日本オープンオンライン教育推進協議会（JMOOC）
（https://www.jmooc.jp）

引用・参考文献

リンダ・グラットン（2016）『ライフシフト 100 年時代の人生戦略』東洋経済新報社

月刊事業構想（2008.10）『広がるリカレント市場』事業構想大学院大学出版部

大前研一（2019）『稼ぐ力を身につけるリカレント教育』プレジデント社

佐藤昌宏（2018）『エドテックが変える教育の未来』株式会社インプレス

リカレント教育参考資料　内閣官房人生 100 年時代構想推進室
https://www.mext.go.jp/b_menu/shingi/chousa/koutou/089/gijiroku/__icsFiles/afield
file/2018/04/24/1403765_8.pdf

文部科学省専門教育課「リカレント教育の拡充に向けて」平成 30 年
https://www.mext.go.jp/b_menu/shingi/chukyo/chukyo4/043/siryo/_icsFiles/afield
file/2018/08/03/1407795_2.pdf

「リカレント教育とはいつどんなことを学ぶもの？企業が導入するメリットと取り組み事例」
d's JOURNAL
https://www.dodadsj.com/content/190926_recurrent-education/

「人生 100 年時代の社会人基礎力」と「リカレント教育」について
経済産業省　産業政策局産業人材政策室
https://www.meti.go.jp/committee/kenkyukai/mirainokyositu/pdf/002_s01_00.pdf

索　引

《著者紹介》（執筆順）※は編著者

中津川智美（なかつがわ・さとみ）担当：第1〜2章
　常葉大学経営学部 教授

波田野匡章（はたの・まさあき）担当：第3〜5章，ワークシート集
　明星大学経済学部 特任教授

※坪井晋也（つぼい・しんや）担当：第6〜8章
　常葉大学経営学部 特任教授

伊藤隆史（いとう・りゅうし）担当：第9〜10章
　常葉大学法学部 教授

※安武伸朗（やすたけ・のぶお）担当：第11〜12章
　常葉大学造形学部 教授

（検印省略）

2020年3月31日　初版発行
2023年4月10日　改訂版発行

略称－キャリア開発

キャリア開発論 ［改訂版］
── 大学生のこれからのキャリア・リテラシー ──

編著者　安武伸朗・坪井晋也
発行者　塚田　尚寛

発行所　東京都文京区　株式会社　創 成 社
　　　　春日2−13−1

電　話 03（3868）3867　　Ｆ Ａ Ｘ 03（5802）6802
出版部 03（3868）3857　　Ｆ Ａ Ｘ 03（5802）6801
http://www.books-sosei.com　　振　替 00150-9-191261

定価はカバーに表示してあります。

組版：でーた工房　　印刷：エーヴィスシステムズ
製本：エーヴィスシステムズ
落丁・乱丁本はお取り替えいたします。

『キャリア開発論』

ワークシート集

このワークシート集には，テキストを読んで，
あるいは，ペアワークやグループワークを行って，
自分で考えたことや，
他の人の意見で参考となったものを記入して，
自分のキャリアデザインを行うときに，
キャリアノートとして活用してください。

名前：＿＿＿＿＿＿＿＿＿＿＿＿＿＿＿

1　傾聴　チェックシート

隣の人とペアになって，話の聴き方の練習を以下の手順で行いましょう。

1. 傾聴する人と，テーマについて話す人を決める。テーマは「大学生になってから力を入れて取り組んでいること」
2. 話す人は，1分間で「大学生になってから力を入れて取り組んでいること」について話す。
3. 傾聴する人は，以下の傾聴チェック項目を意識しながら話を聴く
4. 1分経ったら終了して，以下のチェックシートの，傾聴した人は「傾聴者チェック欄」，話をした人は「話し手チェック欄」を記入する。
5. お互い記入が終了したら，話をした人から記入内容を伝え，傾聴した人は気づいたことなどを追加で記入する。

傾聴チェック項目

＜興味を示して聴く＞	傾聴者チェック欄	話し手チェック欄
表情 ・話の内容に合わせた表情をしているか		
目線 ・相手の顔を全体的に見ながら話を聴けているか ・時々，アイコンタクトがとれているか		
うなずき ・適度にうなずいているか		

＜話の促し方＞

	傾聴者チェック欄	話し手チェック欄
短い言葉での合いの手 「そうだったんですね。それで？」など		
話の内容を自分の言葉で言い換えて確認 （パラフレージング） 「いまおっしゃったことは，～ということですよね？」など		
共感したことを伝えるために，相手の感情を言葉にする 「それはきっと嬉しかったでしょう」など		

＜質問＞
適切なタイミングで質問をしている

2 伝え方 チェックシート

隣の人とペアになって，効果的な説明を行う練習を以下の手順で行いましょう。
1.テーマについて説明する人とそれを聴く人を決める。テーマは「大学生になってから力を入れて取り組んでいること」
2.説明する人は，1分間で「大学生になってから力を入れて取り組んでいること」について聴く人に説明する。
3.説明する人は，以下の効果的な説明チェック項目を意識しながら説明を行い，聴く人は同項目を意識しながら
　説明を聴く。
4.1分経ったら終了して，以下のチェックシートの，説明した人は「説明者チェック欄」，聴いた人は
　「聴き手チェック欄」を記入する。
5.お互い記入が終了したら，聴いた人から記入内容を伝え，説明した人は気づいたことなどを追加で記入する。

<u>効果的な説明チェック項目</u>	説明者チェック欄	聴き手チェック欄
＜話す順番＞ 以下のことができているか ・重要性が高いことから重要性が低いことへ ・過去の話から現在，未来の話へ ・大きい枠組み（概要）から小さな枠組み（詳細）へ ・既知（相手が知っている事）から未知（知らない事）へ		
＜具体的に示す＞ 客観的基準（数字など）や誰もがわかる例えなどを使っているか 「1日500人の来客」 「ここから北へ約1キロメートル」など		
＜論理的に話す＞ PREP法 1.最初に結論を言う（書く）〈Point〉 2.その理由を言う（書く）〈Reason〉 3.具体例を言う（書く）〈Example〉 4.最後にもう一度まとめを言う（書く）〈Point〉		

最近の慮った経験を振り返りましょう。
どのような場面で，相手のどのような気持ちや状況を慮ったのか。その際何を手掛かりに慮ることが
できたのか。バーバルコミュニケーションやノンバーバルコミュニケーションを思い出して振り返りましょう。

どのような場面か？（なるべく，６Ｗ１Ｈに基づいて説明する）
　いつ【When】・どこで【Where】・だれが【Who】・だれに【Whom】・何を【What】・なぜ【Why】・どのように【How】

相手のどのような気持ちや状況を慮ったのか？

手掛かりは？
●バーバルコミュニケーション

●ノンバーバルコミュニケーション
・周辺言語（口調，声の大きさ・高さ・抑揚，しゃべる速さ，など）

・スペース（相手との距離）

・時間（時間に正確・遅刻，など）

・接触（握手，ハイタッチ，肩や背中をたたく，頭をなでる，など）

・動作（視線，顔の表情，姿勢，身振り手振り，など）

・視線（およぐ，きょろきょろする，焦点が定まらない，アイコンタクト，など）

・人工物（衣服，アクセサリー，髪形や色，眼鏡，部屋の家具の配置，カーテンの色，など）

4 グループディスカッション 評価シート

ディスカッションを行う組とそれを観察する組の2つの組に分かれて，グループディスカッションの練習を行ってみましょう。その際に，観察するグループは，面接官役として実際にこの評価シートを使って，ディスカッションを行う組のメンバーを評価してみましょう。

評価は，　A：よくできている　　B：できているときもできていないときもある　　C：あまりできていない
で行ってください。点線の下には，そのメンバーに対して気づいたことやコメントを記入してください。

	コミュニケーション力		協調性	
	傾聴	明確な発言	役割	目標意識
さん	A B C	A B C	A B C	A B C
さん	A B C	A B C	A B C	A B C
さん	A B C	A B C	A B C	A B C
さん	A B C	A B C	A B C	A B C
さん	A B C	A B C	A B C	A B C
さん	A B C	A B C	A B C	A B C

5-1 面接 評価シート

テキスト39ページのやり方に従って，面接練習を行いましょう。
自分以外の各メンバーが応募者のときに，下記の面接評価シートの各項目について評価してみましょう。

評価は，「マナー」は該当する項目すべてをチェックしてください。その他の項目は，3つの評価の中から，
最も該当するもの一つにチェックをしてください。また，応募者の面接スキルアップのために，気付いた
改善点があれば，＜アドバイス＞に記入して，振り返りのときにしっかりと伝えてください。

		さん	さん	さん
＜マナーや基本姿勢＞				
マナー （複数チェックOK）		☐ 姿勢よく礼儀正しい ☐ 笑顔で明るく話せている ☐ ハキハキして元気さが伝わる ☐ 落ち着いて話せている ☐ 相手をよく見て話せている ☐ 気になるクセがある （　　　　　　　　）	☐ 姿勢よく礼儀正しい ☐ 笑顔で明るく話せている ☐ ハキハキして元気さが伝わる ☐ 落ち着いて話せている ☐ 相手をよく見て話せている ☐ 気になるクセがある （　　　　　　　　）	☐ 姿勢よく礼儀正しい ☐ 笑顔で明るく話せている ☐ ハキハキして元気さが伝わる ☐ 落ち着いて話せている ☐ 相手をよく見て話せている ☐ 気になるクセがある （　　　　　　　　）
声の大きさ		☐ 全体的に聞き取りやすく 　GOOD ☐ 全体的に聞き取りやすいが， 　時々小さくなる ☐ 全体的に声が小さめで， 　聞き取りにくい	☐ 全体的に聞き取りやすく 　GOOD ☐ 全体的に聞き取りやすいが， 　時々小さくなる ☐ 全体的に声が小さめで， 　聞き取りにくい	☐ 全体的に聞き取りやすく 　GOOD ☐ 全体的に聞き取りやすいが， 　時々小さくなる ☐ 全体的に声が小さめで， 　聞き取りにくい
話す速度		☐ ちょうどよい聞き取りやすい 　スピード ☐ 聞き取りやすい話し方だが， 　時々早口になる ☐ 全体的に早口で， 　やや聞き取りにくい	☐ ちょうどよい聞き取りやすい 　スピード ☐ 聞き取りやすい話し方だが， 　時々早口になる ☐ 全体的に早口で， 　やや聞き取りにくい	☐ ちょうどよい聞き取りやすい 　スピード ☐ 聞き取りやすい話し方だが， 　時々早口になる ☐ 全体的に早口で， 　やや聞き取りにくい
＜話の内容＞				
エピソード		☐ しっかり盛り込まれていて， 　具体的でわかりやすい ☐ 盛り込まれているが， 　内容が伝わりにくい ☐ 盛り込まれていない	☐ しっかり盛り込まれていて， 　具体的でわかりやすい ☐ 盛り込まれているが， 　内容が伝わりにくい ☐ 盛り込まれていない	☐ しっかり盛り込まれていて， 　具体的でわかりやすい ☐ 盛り込まれているが， 　内容が伝わりにくい ☐ 盛り込まれていない
話の構成など		☐ 言いたいことが明確で 　わかりやすい ☐ 時々，わかりにくい表現がある ☐ 言いたいことがわからないので， 　構成や内容の整理が必要	☐ 言いたいことが明確で 　わかりやすい ☐ 時々，わかりにくい表現がある ☐ 言いたいことがわからないので， 　構成や内容の整理が必要	☐ 言いたいことが明確で 　わかりやすい ☐ 時々，わかりにくい表現がある ☐ 言いたいことがわからないので， 　構成や内容の整理が必要
＜アドバイス＞ もっとこうしたらよくなる				

5-2 面接 振り返りシート

テキスト39ページのやり方に従って，面接練習を行い，自分が応募者のときに，下記の面接振り返りシートの各項目について記入しましょう。

面接練習が終わったら，まず「面接を行った後の感想」欄に，率直な感想を記入しましょう。
その後，振り返りを行った際に，面接官や観察者が述べたコメントやアドバイス，感想などを「他のメンバーからのアドバイスや感想」欄に記入しましょう。
最後に，自分の感想や他のメンバーからのアドバイスなどをもとに，今後面接を受ける際に気をつけたいことを「今後，面接を受けるときに気をつけたいこと」欄に記入しましょう。

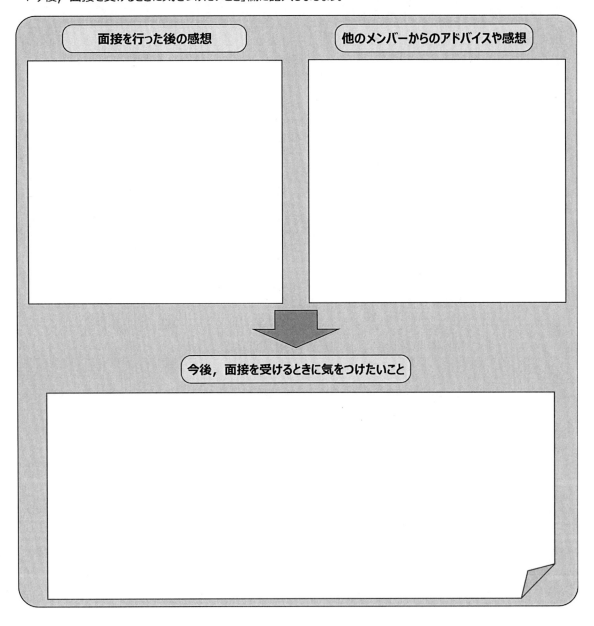

面接を行った後の感想

他のメンバーからのアドバイスや感想

今後，面接を受けるときに気をつけたいこと

6 『働き方改革』について考える

第6章「4 働き方改革について」では，トヨタ自動車の取組事例が取り上げられていますが，その他の企業における取組事例を１つ調べて記入してください。その上で，『働き方改革』に関して，自分自身が考えたことや気づいたことを記述してください。

<取組事例>　企業名：

上記の事例を調べて，考えたことや気づいたこと

7 『コーポレート・ガバナンス, 内部統制, コンプライアンス』について考える

最近明らかになった企業不祥事を一つ取り上げ, コーポレート・ガバナンス, 内部統制, コンプライアンスの視点を活用して, その原因や改善策を考えて記入してください。

＜取り上げた企業不祥事＞　企業名：

＜不祥事の内容＞

＜不祥事が生じた原因（コーポレート・ガバナンス, 内部統制, コンプライアンスの視点から分析）＞

＜改善策＞

8 『CSR』について考える

企業のCSR活動を一つ取り上げ，その活動内容を調べてください。さらに，そのCSR活動が社会やその会社の事業に対して，どのような影響や効果を及ぼしているのか考察して記入してください。

<取り上げたCSR活動>　企業名：

<CSR活動の内容>

<その活動が，社会やその企業の事業に及ぼしている影響や効果>

9 『独占禁止法』について考える

昨今の独占禁止法に違反した企業事例を一つ取り上げ，その内容を調べてください。その際に，どの行為規制（①私的独占，②不当な取引制限，③不公正な取引方法）に該当するのかも，あわせて検討してください。

＜取り上げた事例＞

＜独占禁止法違反の内容 （どの行為規制（①私的独占，②不当な取引制限，③不公正な取引方法）に該当するのか＞

10 『職場における差別禁止の法的規制』について考える

第10章では，職場における差別に関する事件がいくつか説明されていますが，これら以外に職場における差別に関する事例を取り上げ，差別禁止に関して，どのような法的規制が図られたのか調べてください。

<取り上げた事例>

<この事例における差別禁止の法的規制の内容>

11 『インターンシップ』について考える

第11章「図表11-5 多様化するインターンシップの類型」によって示されているインターンシップの5類型のなかで, 現在参加したいと思うものを一つ選び, 参加したい理由と参加した際に行いたいことをよく考えて記入してください。

＜参加したいインターンシップの類型＞

_____**型**

＜上記のインターンシップに参加したい理由＞

＜上記のインターンシップで行いたいこと＞

12 『リカレント教育』について考える

第12章では，今後想定される人生100年時代や第4次産業革命のなかで，自分を創り続けるための
リカレント教育の重要性が述べられています。
この章を読んで，考えたことや感じたことを率直に記入してみましょう。

第12章を読んで，考えたことや感じたこと